新概念游泳

NEW CONCEPT SWIMMING

李 真

内容摘要：

　　作者对游泳运动有新的认识。从宏观上阐述了游泳的概念。作者认为，**游泳是微观学科，而整个体育运动是宏观学科**，研究游泳首先要研究体育运动的基本理论，开阔眼界与无穷的想象力，才能使游泳运动的发展有更大的空间。他不仅使用了运动的原理，还运用哲学和心理学的眼光看待游泳。经过长期的探索，总结出一套系统的、独特的教学方式，灵活地运用了因人而异、因材施教、矫枉过正、反正教学法等，以讲述的口吻，图文并茂的方法进行说明。

　　最后，作者把游泳的技能技巧按照其特点和难易程度进行了分类。这些游法不是水中游戏，而是围绕着"身体平衡"、"流线型"与体育运动的理念相结合，可以帮助游泳运动员提高水中运动的身体素质。

目 录

第一章　游泳的概述　　　8

第一节　我对游泳的理解　　8
一、游泳是一门边缘学科　　8
二、游泳与体育运动的关系　　10
三、游泳是轴的运动　　16
四、核心力量在游泳中的重要性　　19
五、鱼与水感　　22

第二节　游泳的姿势特征　　24
一、自由泳和仰泳的技术特征　　24
二、自由泳和仰泳的运动学特征　　28
三、蝶泳和蛙泳的技术特征　　31
四、蝶泳和蛙泳的运动学特征　　36

第二章　游泳教学思路与方法　　　38

第一节　教学思路　　40
一、如何提高教学质量　　40
二、我的座右铭　　44
三、教学方法　　47
四、游泳纵轴运动的教学特点　　53
五、游泳横轴运动的教学特点　　59

第二节　自由泳教学法　　60
一、自由泳教学　　60
二、自由泳常见的易犯错误与纠正方法　　64

第三节　仰泳教学法　75
　一、仰泳教学　75
　二、仰泳常见的易犯错误与纠正方法　79

第四节　蛙泳教学法　87
　一、蛙泳教学　87
　二、蛙泳常见的易犯错误与纠正方法　91

第五节　蝶泳教学法　101
　一、蝶泳教学　101
　二、蝶泳常见的易犯错误与纠正方法　103

第六节　心理学教学　110
　一、心理学在教学中的运用　110
　二、手语与身体语言教学　117
　三、辅助工具教学法　119

第七节　出发、转身与冲刺　123
　一、出发要点　123
　二、转身要点　125
　三、冲刺要点　126

第三章　年龄组游泳训练策略　127

第一节　关注点　127
　一、潜力　127
　二、训练思维　129
　三、儿童心理训练　134
　四、横向发展原则　138

第二节　游泳比赛　139
　一、比赛是自我挑战　139
　二、比赛是检验教练平时的训练　140
　三、如何让比赛成绩更好　141

第三节　训练与教学相结合　141

第四章　游泳艺术　　　　144

感悟游泳艺术

第一节　杂游　145
一、杂游的重要性　145
二、杂游的分类　146
三、柔韧性与游泳技术之间的关系　147

第二节　杂游实例及其功能　150
一、自由泳的杂游技巧　150
二、仰泳的杂游技巧　169
三、蛙泳的杂游技巧　179
四、蝶泳的杂游技巧　192
五、其它杂游　203
六、利用打水板的练习方法　207

　　附表　212

　　参考文献　215

前　言

成功来自成就感。我是一名平凡的游泳教师、教练，在过去的游泳运动生涯中从没有创造过辉煌的历史，在我担任教练期间，也没有立下丰功伟绩，但是我热爱游泳教师、教练这个职业，默默地做着游泳教学与训练工作。

美国是一个八仙过海各显神通的国家，游泳行业也不例外，只要你有一技之长，就有机会大有作为。当我踏进这一职业，逐渐地发现这一行有着无穷无尽的乐趣和深不可测的奥妙。我把几乎所有的精力都投放到游泳事业上。俗话说行行出状元，我在美国20余年的游泳教学与训练工作中收获不少，非常有成就感。我对这些年的工作体会，用一句话来概括，**"实践是检验真理的标准"**。

我是77届天津体育学院游泳专业的本科生，受教于张志田教授，在他的教导下我学到了至今难忘的理论知识。张教授很重视游泳的技术训练，他的游泳理念始终支撑着我的动力。86年我赴日本留学，结识了不少游泳界名人，我和当年日本蛙王高桥繁浩同窗，对日本的训练也有一定的了解。89年我获取了日本中京大学体育学硕士学位。92年移居美国。

其实大学毕业后我就一直梦想着，有一天成为一名优秀的游泳教练。几经辗转，13年后在美国游泳运动最普及的国家，使得我有机会将理论与实践相结合创造并总结出一套切实可行，行之有效的游泳教学方法。在中国和日本我也断断续续地教过游泳。在中国最普遍的教学方式是办游泳班，15天为一期，先从蛙泳学起，学会后再学其它泳姿。游泳技术是一个整体，是否应该分姿势教学呢？我心里一直有个问号。日本游泳教学比较系统，它的系统基于各自的游泳学校，以便统一该校教程，每个教师必须按照一定之规去做，不能独出心裁，缺乏个人的创造性和想象力。我真正开始游泳教学还是在美国。刚来美国的时候我曾想美国是游泳大国，游泳人口几乎和全世界平分秋色，人才济济，竞争十分激烈，世界上有名的教练，理论书刊，游泳信息大都出自于美国，堪称是"游泳王国"。我一个无名鼠辈如何在美国游泳界打拼呢？

94年我开始教我女儿游泳，她学得很快也很有兴趣。一年后她参加了游泳队训练。在以后的几年里她成为了纽约市的游泳冠军，曾代表纽约市参加了全美14城市的运动会并取得了200米仰泳的冠军。95年有不少当地的华人开始找我学习游泳，从那时起才是真正意义上改变了我的人生。

95年至今我在纽约市(New York City)，长岛(Long Island)一称为大都会地区(Metro)，开设了不同形式的游泳班。有的是大班教学、有的是小班教学、还有需要进一步提高技术的游泳队成员、和已经进入全美前16名的队员需要特别指导的特别班、也有一对一的私人课程，各种类型的选手我都教过，我的职业就是帮助任何想学游泳的人改进游泳技术。经过几年的摸索，我找到了教游泳的感觉。

97年的暑假我志愿为一家游泳队帮忙，作助理教练，从此我踏入了游泳教练的行列。我在教游泳课的同时开始担任游泳俱乐部9-12岁年龄组的训练工作。我每天一边教学一边训练，相互取长补短。周末常带游泳队参加各种名目的比赛。

我在纽约几家不同的游泳池教课，同时一起授课的老师有当地的美国人、还有来自前苏联和中国的名教练、游泳冠军。我们只是使用各自的泳道教自己的学生。我也曾经认真地看过一些教练的教学方法，也曾经参考过一些好的方法，但是我还是觉得我的教学方法与众不同。而且这20年来我从未看到过有人和我使用同样的方法，我曾经对自己的教学有过一闪念的怀疑，但还是坚信我的教学理念经得起实践的考验。

因为经常会遇到不同水准的学生或队员，所以我是一边思考一边教学，教学方法不千篇一律，做到"知己知彼"。我在纽约地区教过许多学生，他（她）们中间不少参加了大都会地区的游泳队，而他（她）们大都是该地区的佼佼者，他（她）们中间有不少进入了全美前16名。许多学生纷纷慕名而来，特别是游泳队的一些选手经过特别指导，游泳成绩提高显著。97年我开始写笔记，记录我的失败与成功，总结出一套自成体系的教学方法。

我看录像，观看世界性的游泳比赛，也购买了不少有关游泳专业的书刊，有中国的，美国的，还有日本的。这些书籍都是一整套完整的，系统的理论，对我的教学帮助很大，我也从中得到不少游泳方面的信息。但我很想了解在游泳的教学实践过程中遇到不同的情况以及处理的方法，或从其他的角度看待游泳。**基础教学理论与实践的研究**则不常见。当然随着年代的推移，游泳技术也在不断的改进，所以在技术的分析中也可以看到一些新的发展。我在观察一般人教游泳时使用的方法大都采用书中的技术或是延续下来动作姿势，如果学生做的不正确老师一定会按照这样的技术去纠正他们，就是用一些旁门左道也还是脱离不了这个框子。理论是正确的，但如何去理解？如何举一反三？这就是我想写这本书的原因。无论我的方法是否得到同行的认可，我都想把我的经验介绍给大家，供大家分享、研究和讨论。

本书不再重复游泳技术理论和训练原理，仅就本人对游泳的理解、教学理念和具体的教学方法进行论述。本书适用于研究游泳运动的人士、游泳俱乐部年龄组（尤为12岁以下年龄组）教练和教师参考，同时也是一本游泳爱好者的自学丛书。

第一章 游泳的概述

第一节 我对游泳的理解

一、游泳是一门边缘学科

<u>教游泳不能只着眼于游泳，要着眼于运动学的规律，心理学的规律，辩证唯物论的规律。也就是说，教游泳要研究"人"的规律。</u>

对游泳的科学化研究早在90年代就已经发展到了高峰，众多的科学家已经把游泳的理论研究到尽善尽美。靠着这些理论的支撑，可以使高水平的专业运动员达到游泳生涯的顶峰。那么，对于游泳基础理论的研究，对于年龄组的游泳教程的探讨，是否还有更多的发展空间，有待于我们不断地去摸索，找到新的课题。

在游泳界几乎所有的教师和教练员，教游泳和训练游泳运动员的目的是一致的。<u>就是为了在教学中使学生掌握正确的游泳姿势，使学生在游进中减少不必要的阻力，增加推进力，最终提高游泳成绩</u>。目标一致，但用什么方法和手段就不一定要求一致，我认为，无论用什么样的方法和手段，只要能达到目的就应该是可行的。的确教游泳的方法很多，五花八门，没有统一的方法。游泳的技术也应该像科学那样严谨，为了寻求完美游泳技术的教学途径，应该采用什么样的方法才更加科学化？那么游泳是不是一门科学呢？当然是，这是肯定的。如果我们也想让游泳和科学那样，有一定的规范，有一种共识的教学方法，而这种方法能使大部分学生不误入歧途，那就是最理想了。统一的方法不是没有尝试过，许多国家都有各自的教学大纲。在美国游泳教师需要考一个执照—《水中安全教学指南》，简称WSI。这部指南中有一整套教学方法，的确设计得很细致，教学步骤十分清晰，但教师们是否能够领悟到教学的内在含义呢？怎样运用这些教学指南呢？任何一本教材都是理论与实践的结果，是具有普遍的规律和一定的原则性，对于实施者不是绝对的，而是相对的真理，不可以死搬硬套，要根据具体情况在实践中进一步检验。其实游泳不但是科学，而且是一门很复杂的学问，它与多种知识相互联系，光靠一两本游泳教科书不一定能教好游泳。教游泳，首先要弄清楚，什么是游泳？游泳和那些知识有关联？弄清楚了游泳的概念，再重新去读《游泳教学指南》，就能够在实践过程中逐渐找到教游泳的要领。

人在水中运动，首先要懂得一些水的属性、形状阻力等<u>流体力学</u>（生物力学范畴）方面的知识。我们教游泳的对象是人，要考虑到性别、年龄、遗传因素的影响，就涉及到<u>生物学</u>方面的知识。那么性别、身高、体重、发育、体脂这些身体形态的差异，还有儿童、少年、青少年和成年人的年龄差别，他们的骨骼和肌肉的比例及对水的比重如何，还要考虑肌肉韧带的柔韧性和关节的灵活性等，这就需要运用<u>生理学</u>与<u>解剖学</u>方面的知识。再比如说，有的孩子的性格急，有的慢，有的孩子模仿能力强，有的差，有的孩子喜欢挑战，有的不喜欢，有的孩子稳定性好，有的差，另外不同的年龄他们对事物的感知觉能力也有差异，这就需要教师懂得一些<u>心理学</u>和<u>教育学</u>方面的知识。喜欢挑战的孩子学成后，参加游泳队，接受训练，这又需要教练员懂得一些<u>训练学</u>和<u>生物化学</u>方面的知识。由于这些个体的差别，在不同的教学阶段中，教师可能会考虑到使用一些不同的方法，如**矫枉过正、因人而异、因材施教、循序渐进**的方法，或者参考一些**原始**的游泳技术和**过时**的技术动作作为**基础教学**来达到理想的教学效果，这就涉及到一些<u>哲学</u>的思想，用比较辩证的眼光看待游泳的教学与训练。

综上所述，<u>游泳属于边缘学科</u>(Frontier Science)。游泳训练与游泳教学需要多方面的知识来支撑。如运动学(Kinematics)，流体力学(Hydrodynamics)，生物力学(Biomechanics)，运动训练学(Theories of sport training)，解剖学(Anatomy)，生理学(Physiology)，心理学(Psychology)，教育学(Pedagogy)，哲学(Philosophy)等。如果你认真地去教游泳，你会发现其中的奥妙，发现这些知识之间的相互联系。你还会发现，<u>**正确的东西有时候不一定正确，旧的东西有时候也是新的东西，而新的东西有时候也是旧的东西。教游泳也不能仅仅是想到游泳，还要研究人的规律**</u>。

二、 游泳与体育运动的关系

做某事不仅看到事物的本身，还要看到事物的环境。

竞技运动分陆上运动与水上运动两大类。人们参与的大部分运动都是在陆上完成的，游泳是人在水里完成的一项运动。即使人在水里游泳，人不是鱼类，不能改变人这一属性。我们都知道，田径运动是所有竞技运动的基础，它包括：走 — 竞走、跑 — 短跑与长跑、跳 — 跳高与跳远、投 — 铅球与铁饼等投掷项目。而这些正是人的基本活动能力，而且几乎所有的体育运动项目都能找到田径运动的影子。但在游泳运动中"好像"很难找到陆上运动的影子，往往被人们所忽略。但是仔细的想一想，不难看出这些影子的存在。自由泳和仰泳是四肢协调的联合动作，很像竞走与跑步。四种姿势的腰腹动作以及手臂的牵拉动作、身体的转动、身体重心的控制、手腿的配合动作，以及生物力学中的合力、升力、惯性运动、加速运动、作用力与反作用力的效应，无不反映人在陆上完成的走、跑、跳、投、翻滚等一切运动能力，这些能力都与游泳运动息息相关。研究游泳运动应该把游泳与陆上竞技运动的基础理论联系起来，不能孤立地看待游泳运动。另外，人既然是在陆地上生活与运动的，即便不会游泳也不影响陆上运动，因此参与陆上竞技运动的人与游泳没有必然的联系。***我认为研究陆上运动不需要游泳的理论知识，而研究游泳运动必须首先了解陆上体育运动的基础知识。***

游泳是以腰为核心由四肢配合的运动，游泳虽说是在水中进行的，但它和陆上运动有某种内在的联系。从运动学的角度来看，其实教游泳的时候，***不能只是把它当成"游泳"来教，而应该把游泳当成"运动"来教更加合理。***意思是说当你教游泳时你要想到游泳是体育运动项目之一，就好像体育运动是一个人的身体，游泳运动是人体中的一个器官，要想使一个人健康成长，不能只考虑某一个器官的好坏，与此同时，还要考虑全身各个器官之间的平衡。我认为***游泳运动是微观的，而整个体育运动是宏观的。***有了这样的认识，开阔眼界与无穷的想象力，才能使得游泳运动的发展有更大的空间。

根据上述理解，为了教好游泳与做好训练工作，要求教师及教练员对体育运动和相关的知识有所了解。不妨我们这样想，如果把教游泳只当成'游泳'来教会是怎样呢？游泳不外乎有自由泳、仰泳、蛙泳、蝶泳四种游式。那么教师一定对这四种姿势的正确游法十分清楚，如果学生或运动员没有按照教师们想象中的姿势去做，会认为那是不正确的，教师就会在陆上或水中来纠正他（她）们的姿势。可是有很多时候却事与愿违，有些学生在某一个学习阶段中，不一定能够理解教师的意图，或没有能力学习教师所教授的知识，只是<u>照猫画虎</u>，<u>顾此失彼</u>，没有达到预想的教学效果。教师也觉得挺奇怪，学生为什么就做不出教师所教的动作呢？久而久之，他们在水中游的七扭八歪，也不知道是为什么？哪里教错了呢？以至于这些动作形成了条件反射改起来比从头学起还难。教师们常常会沿袭那些刻板的教学方法，不管学生学习的反应可能有如何糟糕，都不会背离这些模式。如果把游泳当成'运动'来教，就要考虑游泳以外的外在环境 — 体育运动的原理。它对游泳教学有一定的启发作用，也可以说人在水中完成的运动必须遵循一定的运动规律，不能单纯地只为纠正姿势而纠正，要从人运动的规律中找到问题出现的根源。游泳是一门综合性的学问 — 边缘科学，要把它与宏观的知识相互联系起来，融会贯通，举一反三，才能找到水中运动的规律。<u>**我们应该学会从固有的模式当中跳出来，才有可能使游泳的教学与训练得到发展**</u>。

每一项运动都有其特性，但也有共性。游泳虽然是在水中进行的运动，它有其水环境应有的特性，但它也不例外，正是因为在水中游的不是鱼而是人，所以，它和其它体育运动一样可以找到它们之间的共性，它绝不会脱离体育运动而独立存在。在以下的章节里会涉及到这些问题，这里仅举几个主要例子来简单说明游泳与运动有着怎样的相互联系。

例一：自由泳的呼吸可以采用一侧的，也可以采用两侧的，要因人而异。但从体育运动的角度考虑，自由泳属于左右肢体交替划水和打腿的运动形式，也可以说是平衡的运动。平衡在英文里是 Balance，有平稳，天平，平衡，均势的意思。所以自由泳应该是左右两侧对称呼吸，有利于肌肉力量的均衡性和动作的协调性，符合运动学原理。平衡有两方面的意思：一是，两边呼吸次数均等，二是，由于呼吸时，身体转动的角度要比不呼吸一侧大，所以两侧呼吸身体左右转动的角度趋于相等，那么左右臂划水的模式也就比较容易做到相等。如果采取一侧呼吸的话，由于动作的适应性原理，易于失去左右相对的'平衡'。长久地失去平衡，由于身体左右转动的角度不同，划水的路线也很难做到左右相对对等，这样潜移默化地，呼吸一侧的手臂划到中线外边去了，而非呼吸一侧的手臂却划过中线，特别是动作还不稳定的运动员，尤为明显。绝大多数运动员在游自由泳时都是采取一侧呼吸，包括优秀游泳运动员，如菲尔普斯(Michael Phelps)就是采取右侧呼吸，他在疲劳的情况下，动作节奏看上去就不够平衡。我们切不可因为世界上许多优秀的运动员采用了一侧呼吸，就对少年儿童运动员采取同样的方法。我们从开始教学生学习游泳，就应该学会两侧呼吸。对于已经形成一侧呼吸的12岁以下年龄组的运动员，要尽量地让他们下决心改掉一侧呼吸的习惯。*对自由泳和仰泳来说，左右交替的动作越平衡，越有利于提高动作的速率和协调性*。就好像我们骑自行车，车轮是圆形的，我们可以掌握速度的慢与快的速率，但如果车轮是椭圆形，就很难掌握车轮运转的速率和协调。著名教练迪克.哈努拉（Dick Hannula）曾经对自由泳的正确呼吸做出这样的说明：*"运动员在很多练习中需要练习每三次划臂呼吸，因为这会强迫他们在两侧进行呼吸，保持划水的平衡"*。*"平衡的身体转动来自于三次划臂呼吸"*（文献11）。

　　例二：自由泳和仰泳的打腿，单从游泳的角度来说，有六次腿，四次腿，两次腿，因人而异。从运动学的视角，自由泳和仰泳的六次腿两次手（一个划水动作周期）的配合是游泳运动的基础。资料显示，大部分运动员在短距离（50米和100米），或是在中长距离加速和冲刺阶段，都采取六次腿的配合游法（文献1）。但多数中长距离的运动员为了节省能量，一个周期内采取四次或两次腿不等。当运动员快速游的时候，手忙脚也忙，从动作的协调性来讲，一般是六次腿，也就是说，拼尽体力，全速游进，才符合全身运动，符合运动学的原理。从运动解剖学和运动生理学的角度观察，腿部肌肉比臂部肌肉发达，要充分地发挥腿部肌肉的作用是正常的。中长距离的自由泳，为了调整体力在比赛中发挥更好地成绩，从综合性能量代谢的角度来说，采用四次腿，两次腿也是可以理解的。但在游泳教学中，教学生学习游泳，或在游泳队里训练少年运动员，不应该容忍他们打腿模式的任意发展，要考虑到运动的基础教学，考虑到游泳是四肢配合的运动，要做到手腿配合的均衡性。六次腿两次手就是上下肢运动配合最均衡的比例，且协调的动作。四次腿，说明腿的动作慢于手，两次腿，说明腿的动作有停顿，不能说是平衡的全身运动。所以，在教学生学习自由泳和仰泳时，应该要采取六次腿两次手的配合方式，从小培养他们快速打腿的能力，打好**扎实的基本功**。对于12岁以下打腿比较懒散的运动员，不要放任自流，至于今后的发展流向，要因人而异。

例三：蝶泳的手腿配合是一次手两次腿。关于蝶泳的手腿配合有三种，一种是，第一次打腿重，第二次轻。第二种是，第一次打腿轻，而第二次重。第三种是，两次打腿均匀。采用哪种配合，要根据每个人的具体情况而定。我认为要因人而异，不要强人所难。据我观察，大多数选手都采用第一种手腿配合，这种配合方式是自然形成的（在教练没有明确要求的情况下），理由可能是，第二次打腿协助手臂向上划水动作，防止腰部上升，因此，用力要比第一次轻。另外，第二次打腿力量过大，会妨碍移臂动作等。

从游泳的角度看待蝶泳手腿配合，教练员会根据自己的意愿，先入为主，选择以上三种之一。从运动学和仿生学的视角来看蝶泳的打腿动作，因为腿部动作模仿海豚尾鳍的动作，它是一系列的波浪形动作，动能的传递是从躯干下部开始，一直传递到整个腿部直到脚尖。因此，蝶泳腿的打腿节奏应该是协调的，且打腿的力量是均匀的，不应该出现一轻一重的打腿节奏。就是说，腿部一上一下的节拍是一致的，打腿的幅度和力度也是相同的。这样做，可以使身体的重心比较稳固。按照这样的推理，手臂的动作应该是配合腿的动作，而不是打腿是为了配合手臂的动作。因此，在学习蝶泳的时候，抛开手腿配合的几种方式，专攻蝶泳腿的均匀打腿能力，像海豚身体的动作一样，扎扎实实地打好蝶泳腿的基本功夫。特别是12岁以下年龄组的运动员，更要注重培养均匀的蝶泳腿节奏，至于以后采取哪种配合方式，要因人在生长发育过程中身体内部结构的变化与训练中长期形成的习惯而定。近年以来，根据对奥运会选手或世界游泳锦标赛前八名选手的观察，他们几乎都采用有一定力度的均匀打腿方式。菲尔普斯(Michael Phelps)的蝶泳之所以成功，他采取了两次力均切不间断地打腿节奏（文献25）。

例四：从流体力学或生物力学的角度来看，游泳运动员在水中游进时头部的位置应该是怎样的呢？为了减少迎面阻力，人在游进中，身体的姿势应该是水平的，是一条近乎的直线，而不是香蕉形状，迎角越小越好。在游进时，应该是头顶顶着水游进，而不是前额顶着水游。自由泳、蛙泳和蝶泳的呼气应该眼睛看池底，而不是眼睛看前下方，仰泳眼睛看上方的天花板，而不是看前上方。人在水中平卧与仰卧时，应该与人站立时的姿势一样。但由于心理上的感觉和视错觉，人站立与水中平趟好像不一样，这种表象可能是错觉产生的。这就需要教师首先克服这个心理上的差异，指导学生，尽最大努力地水平游进，摆正头部的位置也就摆正了身体的位置。头部的位置在基础教学与基础训练中十分重要。要懂得头高一寸，腿低两寸的道理（文献2）。

例五：手臂的划长和划水的加速度。牛顿第二定律 — 物体运动的加速度 a 与作用力 F 成正比，与物体的质量成反比。加速度的方向始终与力的作用方向一致。运动中的变速运动（速度经常变化的运动）很多，匀速运动（速度保持恒定的运动）则少见。从生物力学和运动学的角度来说，游泳中的划水越长所获得的推进力就越大（反作用力就越大）。划水后程的推水加速度，不仅仅靠上臂肱三头肌的力量，还需要核心力量的肌群的参与。划水的路线越长越有利于加速度的发挥。划水的长度，要从初学时培养，并一直保持这一优良的传统。如果仅从游泳的姿势来考虑，可能会忽略划水的长度。我认为首先考虑划长与加速，然后再考虑划水技术的细节。

划水的加速，就好像投掷的动作，是靠腰部的肌肉力量，靠腰的转动来带动手臂的动作，最终使手腕儿做出鞭打动作，把物体掷出。自由泳和仰泳的划水也要考虑这个运动的原理，在游自由泳和仰泳时，不只是转肩，整个身体都要随着腰部的转动而带动手臂加速划水。在现代蛙泳和蝶泳中，更是离不开腰部的力量，这样才能更好地体现全身协调运动的特点，发挥全身肌肉的所有潜能。因此，在游泳教学与训练中，要考虑游泳和运动之间的内在的联系，不仅要考虑到游泳的姿势，更重要是考虑划水的长度与加速度。不仅考虑到手臂在划水，更重要的是不要忽略腰部力量的协同作用，提高划水实效。

关于自由泳与仰泳手臂的运行速度，按照运动的规律，空中移臂应该是'起慢落快'。手臂抬起的时候，肩带肌群发生作用，当手臂移至90度以后（一半的路程），由于惯性和自由落体现象，手臂**相对放松**加速下落（自然地不要刻意这样做）

。同时，根据上述划水的加速度理论，另一只交替运行的手臂的划水，正是'始慢终快'。因此，在指导运动员游泳的节奏上，需要考虑这一要素的存在（图1-1）。

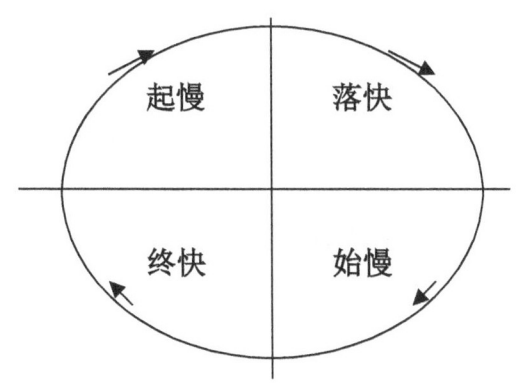

图1-1 自由泳与仰泳手臂的运行速度

例六；关于蛙泳的划手，有的教练认为应该大划手，有的认为应该小划手。前者的理由是大划手可以产生较大的推进力，后者的理由是频率快或认为腿的作用更大。他们都有一定道理。我认为蛙泳的技术比较特殊，之所以特殊是因为它在游进时不可能始终保持身体的流线型体位。蛙泳完成划手后的移臂、吸气时的身体位置、打腿时的收腿动作，都处在非流线型时间段，只有登夹腿与滑行阶段是身体保持流线型的最佳时间段。正因为这样蛙泳才是四种姿势中最慢的一种。所以必须考虑这个因素的存在。我认为，要考虑**迎面阻力的大小与形成迎面阻力所持续的时间、完成大划手或小划手所用的时间长短与能量消耗的大小、整个动作周期中流线型与非流线型持续时间的比例**等因素以及**各种因素之间的利与弊**，在实践中把如何计算出更加**经济的使用能量代谢与实际所能达到的速度效果相结合，找出适合该运动员本身的技术风格**为最佳选择。

三、 游泳是轴的运动

<u>**我们可以把游泳看成是"线和点的运动",无论是直线,还是曲线,线中有点,点间有线,点点相连,相互牵连。**</u>

游泳是轴的运动。先简单地阐明一下运动中的共性。婴儿刚一出生就会'动',然后开始翻身、爬、站立,后来又学会行走、跑、跳、投掷器物,自然而然地掌握这些人与生俱来的基本活动能力。再后来人又学会在水中运动。那么在这些'动'中你发现它们都是围绕着轴来运动的,有些是围绕着横轴的,有些是围绕着纵轴的,还有些是多轴的运动(多维的)。

自由泳和仰泳是纵轴的运动。人在游自由泳和仰泳时,身体是沿着纵轴左右转动前进的(图1-2、1-3)。蝶泳和蛙泳是横轴的运动。游蝶泳和蛙泳时,身体不是左右转动,在人体的核心部位(人在水中身体的重心)有一个横轴,在游进的时候,是人体的重心轨迹不脱离这个轴,做上下起伏的运动,波浪式前进(图1-4、1-5)。迪克.哈努拉把蛙泳和蝶泳称为'短轴泳式'(文献16)。我们再看自由泳的转身,滚翻时先做一个横轴运动,然后在脚触池壁之前再做一个大约45度角的纵轴的运动把身体转过来,在蹬离池壁之后,不间断地再做一个45度的纵轴的运动来完成自由泳的转身。

   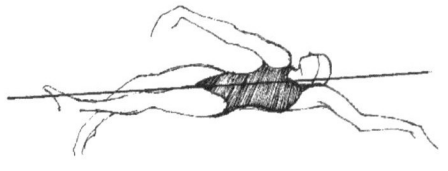

图 1-2 自由泳的纵轴示意图　　　**图 1-3 仰泳的纵轴示意图**

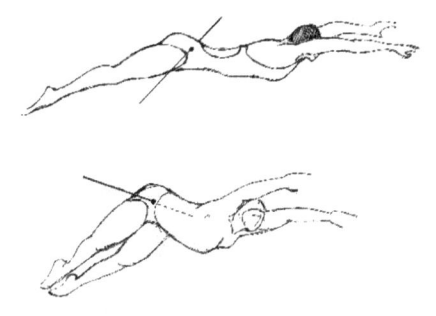 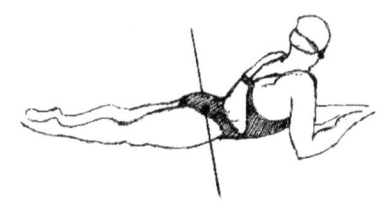

图 1-4 蝶泳的横轴示意图　　　　　　　图 1-5 蛙泳的横轴示意图

我们可以把游泳看成是一个**"轴运动"**。也就是说，在水中以任何姿势游进时，包括各种杂游[Drills]，都不能脱离这个'轴'来做运动，如果在游进的时候，脱离了这个'轴'，姿势一定会出现问题，影响游速。不仅是游泳，其他运动也不例外，如行走时，脱离了这个轴就会摔倒。在高尔夫运动中的挥杆动作是身体做一连串的旋转动作，带动手臂做击球动作，如果出现脱离纵轴的轨迹，就不可能像钉子一样站稳。在平衡木做多轴旋转运动时，哪怕是出现一丝一毫的偏离，都会有从平衡木掉下来的危险。著名游泳教练波默(Boomer)认为：在陆地，人站稳了，才能行走。在水中，人保持了平衡和稳定，才能游进（文献 16）。

冰糖葫芦原理 — 我们还可以把游泳时的身体流线型看成是冰糖葫芦。冰糖葫芦是我们家乡的土特产，只有在秋高气爽的季节，山里的红果熟了，然后把它们用一根竹签穿起来，沾上滚热的冰糖就可以食用了（图 1-6）。

冰糖葫芦中的竹签，就好像纵轴。红果，就好像人体中的各个体块。我们身体主要的体块有，头部、肋骨部、骨盆部，细分还有颈部、腰腹部、肩部以及上下肢骨干。我们都可以把它们看作是纵轴上的"红果"（图 1-7）。

在自由泳和仰泳中，身体中的主要体块都不要脱离纵轴，四肢也不能远离纵轴，才能保持游泳的姿势不至于变形（图 1-8）。

在蝶泳中，由于身体的动态曲线模仿了海豚的姿势，看上去是上下起伏向前游进的，所以我们也可以把蝶泳看成是一个 S 型，弯曲的冰糖葫芦（图 1-9）。其实我们的身体还是在这条轴线上，就像海豚无论怎么<u>曲线</u>游进，都不会脱离这个'轴'。

蛙泳是比较特殊的游姿，尽管身体主要的体块始终保持在纵轴上，但手臂的划水，打腿前的曲腿，都不同程度地脱离了纵轴，这就是为什么蛙泳总是四种姿势中最慢的一种泳姿。技术再如何精益求精，蛙泳的速度也总是追不上其它的泳姿。因此，蛙泳有两个重点需要探讨，一是，**如何快速完成划水和打腿动作，使身体还原成流线型。**二是，**划水和蹬腿的力的作用点。**这两点关系到身体的中心轨迹的变化。

图 1-6 冰糖葫芦

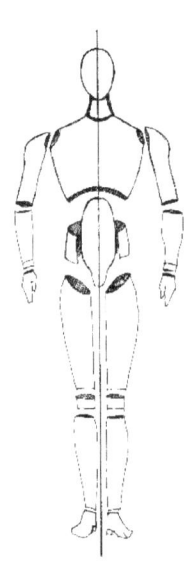

图 1-7 人体体块示意图

图 1-8 自由泳的人体体快示意图

图 1-9 蝶泳的人体体快示意图

四、 核心力量在游泳中的重要性

***核心力量是当今游泳运动中不可忽视的,它是研究水感产生的重要环节**__。__如何来做好"轴运动"呢?重点就是"核心力量"。核心就是重点之重,抓住了这个重点,事情就迎刃而解了。<u>核心力量 — 就是平衡身体,使之不失去身体重心,不脱离'轴'的肌肉力量,也可以说是平衡能力。平衡能力 — 运动员在完成各种有支撑或无支撑动作时,控制身体重心,完成技术的能力</u>(文献3)。一个物体处于静止状态,必然是合力矩时等于零。人体在水中无论处于哪一种平衡姿势,是平躺,斜躺还是垂直躺,都是浮力等于重力,合力等于零,而且浮心与重心是在一条垂线(直线)上,合力矩也等于零。核心力量是由许多肌肉群协调完成的,而控制这些肌肉群运动的是运动神经系统,是靠我们的大脑来完成的。中枢神经系统可以协调平衡能力,因此平衡能力也是和动作的<u>协调性</u>相辅相成的。

有人认为,游泳是力量型的,力量大游的就快。这也许是对的,我们在年龄组里的比赛中,看到许多个头大,力量大的少年运动员,的确游的快。有的家长从小就让他们做俯卧撑,去健身房做力量练习,在短期内成绩提高的很快,但最终他们有没有进入优秀游泳运动员的行列呢?没有人去追踪,只是看到短期效果就有人效仿。美国游泳科研人员对巴塞罗那奥运会决赛选手与未能进入决赛的选手进行技术的分析和对比,研究结果表明决赛选手在游泳时,身体更趋于流线型,能以较小的推进力,比其他选手游得还快。还有研究证明,奥运会前八名的选手,他们的绝对力量小于第九名至十六名的选手,但他们的"核心力量"远远强过他们(文献4)。在过去几十年的研究表明,游泳技术对成绩所起的作用要超过肌肉力量和耐力。生理学和运动学研究发现,有许多游泳运动员的力量和耐力水平比冠军运动员还高,但他们缺乏在水中运用的技术(文献5)。

力量是相对而论的。首先我们回顾一下什么是相对力量?相对力量[Relative strength]是指单位体重所能发挥出来的力量。运动员通常以不同负荷条件下所发挥出的力量与体重的比值来予评定。相对力量的意义在于,通过计算出单位体重的肌力

以排除运动员体重差异对其力量大小的影响，从而有利于在个体与群体间进行比较（文献3）。

臂部肌肉力量越大，相对核心力量就会减弱，就很难控制身体的平衡。因为当你划水的时候产生动力，这时候就需要核心力量来控制身体的平衡，使身体相对成为一个整体，把身体的几个体块当作一个运动平台，按照最佳流线型的轨迹以最小的阻力推进。但是臂部肌肉的绝对力量与核心力量相差悬殊，就无法做到使身体更趋于流线型。如果在训练中注意均衡地提高原动肌（产生推进力的肌肉群）和核心肌群（控制身体平衡的肌肉群），就能够控制以较小的阻力游进。**减小阻力=增加推进力**，就体现了相对力量的作用。

从人体解剖学上看人体结构，人体的大部分体块都是由主骨干支撑着与固定着，靠着关节来做屈伸动作的。只有颈部与腰部不是靠骨干来固定的。头部与胸腔之间是颈部，颈部是由颈椎连接的，它的平衡能力是靠<u>胸锁乳突肌、围绕颈部的肌群和斜方肌</u>来稳固。胸腔与骨盆之间是腹腔，腹腔是由腰椎上下连接，它是靠**核心肌群：腹直肌、腹内、外斜肌、腹横肌、前锯肌、竖脊肌和臀大肌**来稳固上体和下体的平衡。为了保持身体成一条直线，颈部和腰部是关键。颈部与腰部的灵活性很大，它是控制好上体和下体稳定性的纽带，也是是否能学好游泳，掌握好游泳技能的关键部位。颈部不需要做过多的肌肉训练，头部就好像汽车的"方向盘"，是人靠大脑来掌控汽车的方向，所以游泳时头的动作需要<u>**心理方面的训练**</u>才能把握住<u>**游进路线**</u>与<u>**身体位置**</u>（提示：我认为头部的扭曲不是肌肉力量不足造成的，而主要是人为的心理因素）。但核心肌群必需通过训练才能掌握<u>**能量传递**</u>与<u>**平衡能力**</u>。如果过于注重推动力的原动肌（肱三头肌，胸大肌，背阔肌等）的训练，而忽略了腰部肌肉群的训练，在游进的时候，特别是在疲劳的情况下，不可能支配身体成为一个相对的整体，获得应有的推进力，而被拖拽的涡流消耗掉了（图1-10）。

著名游泳科学家马格利索(Ernest W.Maglischo)在研究中发现，游泳运动员强调脊柱的姿势保持在一个正中或适当的位置，会大幅减少关节之间所承受的压力，游泳肩部的损伤和下背部痛或导致未来某些慢性运动损伤病变的机会也会明显降低。而维持脊柱在一个适中或挺立的姿势，最为理想的做法就是发挥并强化核心肌群的功能（文献24）。

游泳是一种具有艺术性的运动，从**游泳艺术**的视角，要想让游泳更具有"美"的感受，人体各部的骨骼肌，应是均衡发展的，在保持身体的平衡能力的基础上，发展绝对力量，凸显游泳的**技术价值**和**艺术的自然表现**。

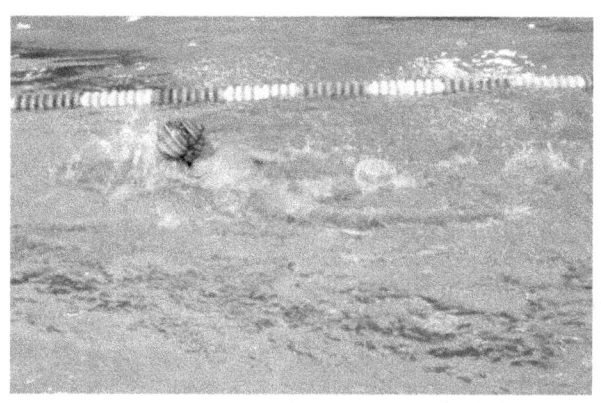

图 1-10 颈部与腰部的扭曲造成拖拽力

上面已经讲过，不要忽视腰腹和臀部肌肉的平衡能力的发展。那么，什么时候是发展平衡能力的最好时机呢？今天我们讲解的主要是针对 12 岁以下年龄组的教学与训练，这个年龄组的核心力量尤为重要。因为这个年龄段的少年儿童，他们的**学习能力**以及**可塑性**很强，而他们大肌肉群的发展迟缓，我认为只有在这个年龄阶段才是提高核心力量的最好时机，在游泳技术动力定型之前，掌握好平衡能力，提高动作的协调性和节奏感，为未来打好基础。牢牢抓住这个有利时机。

五、 鱼与水感

许多世界上著名的游泳教练都观察鱼类，在许多著作中或讲学中都多次提到"鱼"。如果想游得快，就应该观察鱼类，从中可以得到一些启发。

游泳运动员处于水这一特殊环境。水是流体。究竟人要具备怎样的基本素质，才能很好地适应水的环境？**水感**成为人们研究的对象。

说到水感我们联想到了"鱼"。鱼类是在水中生存的动物，人是在陆地上生存的。鱼在水中优哉游哉，运动员在水中游泳，应该显得轻松自如，轻快流畅。

人体的结构是由多体块组成，是由数百大小骨骼肌与 206 块骨头组成。鱼的身体结构主要是由一个体块组成，从头到尾是一根脊椎骨。肌肉主要分布在背部及尾侧部。鱼头是控制中心，鱼的背鳍及肚鳍来控制平衡，尾鳍（鱼尾）的主要功能是划水，并且尾部的肌肉非常富有弹性，胸鳍也辅助划水。鱼的协调能力很强，鱼在游的时候，整个肌群同时参与协调用力，除了尾鳍是主要推进力来源之外，其它则用来控制身体平衡。而人，许多肌肉协同参与收缩和舒张要想达到协调用力是一件很不容易的事情。

通过对鱼的了解，我们发现，水感有两个重要因素，一是**平衡能力**，二是肌肉群之间的**协调能力**。平衡是主要因素。鱼如果失去了鱼鳍，它就失去平衡，无法'站立'。鱼只有在平衡的条件下，才能找到发力的作用点，才能游的轻松自如。因此，**控制好平衡是掌握好游泳技术的基础条件**。肌肉的协调能力，是在身体保持平衡的基础上发挥作用的。**平衡**与**协调**结合在一起，才能使身体成为整体的**运动平台**，就像鱼是一个体块，一个运动平台，才能运用自如一样。如何不让身体的各个板块散掉呢？骨骼肌系统的协调能力是使身体各个部分合理地运动，以在水中达到最高效率所必要的能力。这就好比鱼游起来的时候，就好像一串链条，一环接一环，环环相扣，一环动则牵动每一环协同作用。我们也可以把这种装置称为"运动链"，使手臂产生的力量通过躯干传递到腿部。如果我们把每一个环都解下来，像这样，ＯＯＯＯ，每一个环都脱离了，谁和谁都不相干，各自为政，就不能达到身体的平衡，也就更谈不上协调了。我们常常会看到，有些运动员，手划水挺快的，脚打水也挺快的，但是只见动作快而不见游的快，手忙脚乱，好像手脚的动作不相连接，就是出现了环环不相连的问题。因此，控制好运动链的稳固作用，是产生水感，产生动力的首要因素。

我们观察鱼在静止的时候一动不动，但它可以突然像箭似的起动，并快速地游进，用肉眼很难看出由慢到快的过程。就好像百米运动员的起跑—像离弦的弓箭，几秒钟已经冲到了终点。人在陆上运动有地面的支撑，作用力是在有支撑的**固体**上作用的力，固体是不动的，而水是流动的。而水感好的游泳运动员手臂抓水就好像抓住了"固体"的感觉。世界上优秀的游泳男运动员一个周期的动作可以向前推进4.3米左右。每个人最大的划长约等于身高的80%左右，身高1米8的人，最大划长只有1米6左右。那么，水感好的人在水中游泳基本上抓住了"固体"，<u>不仅仅是把流动中的水向后移动，而是靠着流动的"固体"推着身体游进</u>。

我们都说游泳是全身运动，水感好的选手游起来像鱼一样，几乎全身的肌肉都能发挥作用，能把许多肌肉群组成一个整体协同产生推进力，像鱼似的，在水中自由自在地游。有时，我们经常听到人们对好的运动员的赞扬，给与"鱼"的美誉。人不是鱼，但想游的快就要模仿鱼。鱼的肌肉用力协调，鱼的流线型好，这些都要模仿。

小结

游泳理论的研究与多方面的学科有关，它属于边缘学科。游泳运动是微观学科，而体育运动是宏观学科。研究游泳运动必须与陆上的体育运动的基础理论相结合，弄清楚人在陆上运动的规律对游泳的教学与训练十分有意义。游泳是人在水中的平衡运动，必须重视核心力量来控制身体的平衡，使游泳运动员沿着纵轴转动或绕横轴的运动轨迹游进，保持最佳的身体流线型姿势，减少阻力，以增加游进的推进力。

第二节　　游泳的姿势特征

一、　自由泳和仰泳的技术特征

上述讲到，围绕着纵轴而不脱离纵轴的运动，对自由泳和仰泳来说是十分重要的。那么纵轴像什么呢？像一条直线，这也就是我们常提到的"流线型"。不论是自由泳和仰泳，还是练习有关自由泳和仰泳的杂游(drills)，都不能脱离这个轴，尽可能地保持身体的流线型。

自由泳是四种姿势中游的最快的，原因是几个优势它都占有。它最容易保持身体的流线型，最合理的身体位置。从仿生学的角度看，身体侧卧姿势的时间多过正卧姿势，比例是3:2。还有最合理的划水角度能有效地动员更多的肌群参与划水动作、划水和打水的频率最快、以及最适宜的手脚配合节奏，像"跑步"，所以西方把自由泳称为"爬泳"。

自由泳和仰泳的身体位置应该和人体站立的姿势相仿，人体站立的姿势就像测量身高一样，要挺胸拔背，眼视前方，下颌微微内收，头顶的最高处顶着测量板。人在游进时，头顶着水游就像头顶着测量板一样的感觉。人在水中游进时，身体左右转动地前进，转动时，整个身体包括头、上身、臀部同时转动，中间不能脱离纵轴。就像一个轴从头顶一直贯穿到脚底（图1-11），像冰糖葫芦，像线和点的结合，线中有点，身体中的头、上体、臀部都是点，而这些点都在纵轴这条直线上。

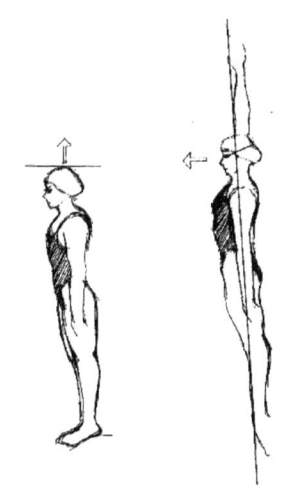

图 1-11 头顶着水游的感觉

在实际中做到这一点有一定的难度，因为心里感觉上是有差别的，有'视错觉'产生的可能性。当你平卧在水中和站立时的'感觉'是一样的时候，实际上的结果是不一样的。在水中平卧时下颌向上翘，就好像站立时抬头，眼睛向前上方看，而不是向前看，后背部呈一定的弓形。由于视错觉的原因，感觉平卧和站立没有区别。在教游泳过程中，应考虑如何很好地利用错觉，帮助学生摆正自由泳的身体位置，在游自由泳时强调眼睛看池底，保持良好的身体流线型，以减少最小的迎面阻力为目标。

　　仰泳正好相反，它的错觉表现是在水中平躺时，收下颌，收腹，臀部下沉，好像头枕着枕头，躺在一个很软的床上一样，也好像有点坐在水中的姿势。如果把这个姿势立起来，就好比一个人站立时，眼睛向前下方看，收腹，厥臀。因此仰卧和站立的感觉是有差异的，我们看到人站立和在水中仰卧游进时的直线是不一样的（水下看的最清楚），这样的错觉都会影响身体的流线型姿势。我们不得不考虑这些因素。其实，俯卧和仰卧的差别最大，前者眼睛向前上方看，后者眼睛向前下方看，其结果使身体呈正反'香蕉'形（图 1-12）。

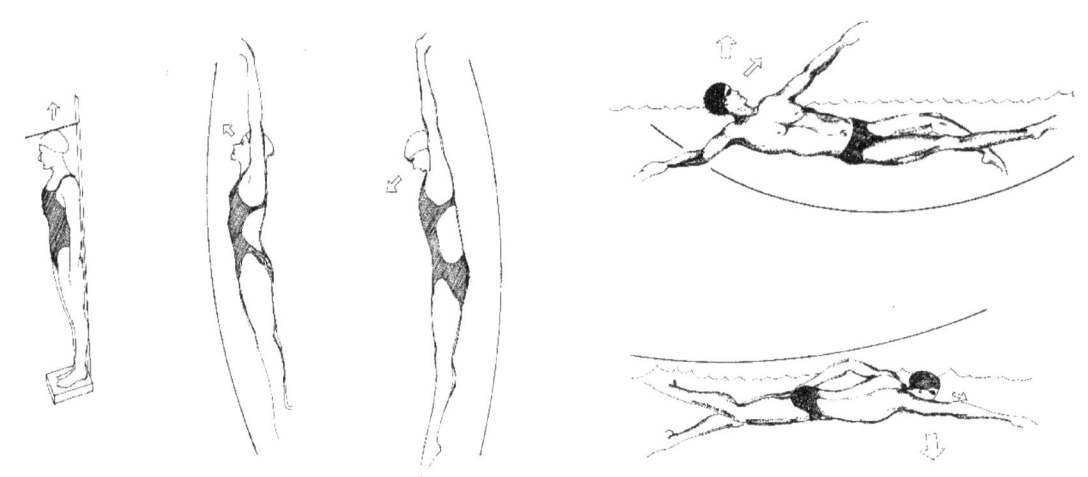

图 1-12 站立和俯卧、仰卧的比较 － 眼睛看的方向影响身体的位置

按照生理学中讲到的'肌肉收缩的适应性'原理，当你习惯了某种姿势后，肌肉就按照你所习惯的动作的长短来收缩与舒张，即使你的动作一时地被纠正过来，如果你没有决心改正错误的毅力，由于'肌肉收缩的适应性'错误的动作很快就被重复。久而久之，破坏流线型的身体姿势就产生的。反过来，我们也可以利用'肌肉收缩的适应性'从一开始就按照绕纵轴运动的姿势来做，使他们的肌肉收缩与舒张来适应这样的身体姿势，这一点对游泳技术的形成与巩固十分重要。

<u>自由泳和仰泳的划水</u>。我们都知道相对个头高的选手比个头小的游得快，原因就是臂长腿长，臂长意味着划水长，划水越长，持续推进力的时间就越长。因此，**<u>自由泳和仰泳手入水点应是肩的延长线的远端，划水的长度应是手臂推水直至手臂伸直为止</u>**。依照牛顿第三定律，划水的路线应是手尽量沿着纵轴的方向划，也就是手尽量在身体的下面而不是从侧面划过去。即便使用 S 型或曲线划水，**<u>手也不要离开纵轴太远，划水的弧形不要太大，始终保持力的作用点在轴线上</u>**。

两肩的灵活性，决定着手臂划水长短的绝对性因素，**<u>因为自由泳和仰泳的两肩不仅是围绕着纵轴左右转动，而且还围绕着横轴一前一后按顺时针交替滚动</u>**（图 1-13）。肩部关节越灵活，手臂向前伸的越远，而且越贴近纵轴，也可以说肩部关节越灵活，越有利于围绕横轴和纵轴运动。再因为自由泳和仰泳是左右划水和打腿交

替进行的，所以自由泳和仰泳应该是左右平衡的运动。特别是自由泳，还有转头呼吸的问题，一侧呼吸也许会造成身体左右转动大小不同、左右划手的长短不同、左右打腿的节奏不同，我认为采取左右两侧交替呼吸是对提高自由泳的技术更有利，是学好自由泳的基础。**自由泳是一项最容易学而最难掌握的姿势**。由于肩的轴运动有区别于身体的轴运动，易造成身体的扭动，而自由泳是四种姿势的基础，在训练中游得最多，所以应该特别重视自由泳的技能技巧的训练。

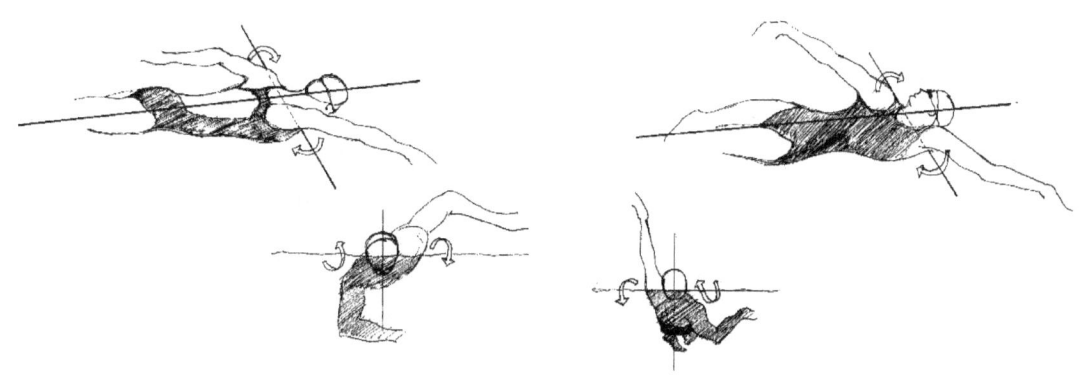

图1-13 自由泳和仰泳的肩轴运动不仅是纵轴的也有横轴的运动

<u>打腿动作</u>。打腿是控制身体流线型的重要环节。打腿是从腰部开始发力，靠着臀部，大腿，小腿的肌肉力量自上而下（自由泳）向脚的部位传递，并做十分协调的鞭打动作，把水踢出去。打腿的速度快捷而不间断，有节奏地快速打腿。这样做的结果应该是从腰部以下不给身体扭动造成任何机会，因为此时的肌肉正处在相对紧张（绷紧）的状态，控制住了身体"运动平台"。尤其仰泳腿特别重要，强有力的打腿不仅能推动身体前进，而且能使身体处于较高位置，从而保持更好的流线型。一些著名的教练员认为，没有强有力的打腿就没有现代仰泳技术（文献6）。

在比赛中看到大部分流线型较差的选手，其打腿也都较差。多年来根据我的观察，大部分选手随着年龄的增长，随着训练年限的积累，打腿的技能在逐步减退，在训练的时候，有的人在游自由泳时很少打腿，间断打腿，两次打腿或两腿就在后面拖着，似打非打，这种手腿配合不合理的现象，应该引起教练员们的重视。

二、 自由泳和仰泳的运动学特征

关于自由泳和仰泳划水的发力中心，要使划水有实效，必须遵循力的三要素：**_要确定一个力的效应，必须确定力的大小、力的方向及力的作用点。_** 改变了其中某一项，力的效应也就发生变化。例如，是否用力加速划水与打腿，人体前进的速度是大不一样的；划水的方向不对（忽左忽右），人体在水中的位置就要受影响；划水的力是不是作用在人体的重心上，效果也不一样。自由泳和仰泳的划水是左右交替进行的，当自由泳和仰泳的手臂入水的同时，身体是最长的瞬间，手臂入水的身体一侧的肌肉拉的很紧，很直，另一侧相对放松。自由泳和仰泳的手臂入水后，身体应该是侧向的，此时你可以想象身体中间的那个纵轴，由身体的中心向身体相对紧张的一侧移动，好像手掌撑住纵轴的顶端，纵轴贴紧身体的侧面，另一端在同侧的脚底（图1-14）。手臂开始向下划的时候作用力就在这个轴上。当身体开始转动时，纵轴也开始随着身体的转动向中心部位移动，手臂也将随着轴的移动开始向内划水，当身体转向另一侧的时候，纵轴也移向另一侧，然后另一只手臂又开始抓住纵轴的顶端开始划水。你想象中的轴是随着身体的转动而移动的，所以手臂的划水也应该跟着纵轴走，跟着重心走，只要作用力（力点）在这个轴上，身体就不会偏离纵轴的轨道，同时也会保持身体良好的流线型。也可以遵循这样一个原则："**_纵轴是一条线，线中有点，手抓住点，点不离线_**"。手入水后开始抓水，这时产生很小的推进力，所以不能发力，靠着肩胛骨周围的肩带肌群固定住肩胛骨这一头，开始发力的时机是在纵轴快要接近身体中心部位时，逐渐加速划水，使手臂通过纵轴线，这样划水的作用力与反作用力不会偏离纵轴线，而产生最有效的推进力。

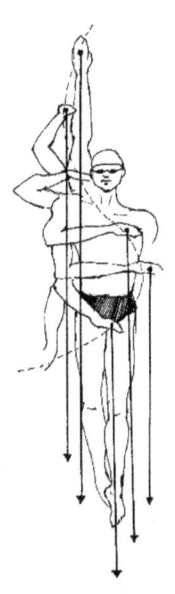

图 1-14 纵轴贯穿于整个身体

当自由泳和仰泳的手臂入水后，手掌撑住纵轴的顶端那一刻，手臂和身体一侧的肌肉要拉紧，加上快速的打水，所以腿部的肌肉也应该是相对紧张的，所以说整个身体是一个相对肌肉紧张的整体，而不是松散的几个板块组成。如，骨盆部，肋骨部（上体）和头部，这三个板块形成一个运动平台（也可以把这三个板块看作是三个点），三点连成一直线，有利于沿着身体的流线型抓住水，划水时不要让这个平台散掉。就好像我们划一个橡皮汽船，气一定要打足，划起来才可水上轻舟。如果这个汽船的气不足，或者说汽船漏气了，我们摇桨时，就找不到划水的力点。我认为所谓粘水的人，水感好的人，就是很好地掌握了发力中心。

划水的速度应该是加速运动，手臂抓住水后开始加速，手臂的加速是随着腰的转动开始的。几乎所有的竞技运动都是以腰开始发力的，田径中的投掷项目，随着腰的转动、蹬腿、带动手臂将投掷物抛出；棒球运动员的击球和足球运动员的射门，手臂的挥棒和摆腿的动作是伴随着腰部的转动开始的；划船时运动员先由腹背部肌肉发力，随着蹬腿的力量将能量传递到臂部，最后力量止于前臂；摔跤和武术运动，如果没有良好的腰部力量，不但动作显得生硬，而且不可能运用技巧制伏对方。游泳也不例外，在游自由泳和仰泳时学会以腰部和臀部[核心力量]带动手臂的加速划水是掌握好自由泳和仰泳的重要技术之一。部分选手有时会忽略这一技术环节，如自由泳，手臂入水后腰部肌肉还没有发力就开始快划，划至一半手就开始向上提拉，而不是随着腰部力量继续向后推水，划水路线又短手臂又不放松，力量用的不小，划水效果不大。划水应该是加速度，那么划水的后程应该是最快，不让已经抓住的水跑掉，是划水的最佳效果。如果手划到腰部就提早从水中抽出，不但抓住的水跑掉了，而且划水还没有完成肘关节已经提前出水了，就是说划水的后程只有手而没有臂在划水，不但划水路线短，由于用力过猛也消耗了能量，达不到划水的实效。就像高尔夫的挥杆动作，挥杆开始慢，然后逐渐加速，球杆击中球的瞬间速度最快，然后随着惯性手臂和球杆继续向击球的方向松弛地行进。自由泳的划水有点像高尔夫的击球，开始向下划水时慢，抓到水后开始加速划水，把抓到的水用力向脚的方向抛去，就像球杆击中了球，然后随着惯性手腕有个鞭打动作，惯性作用开始的时候手臂的动作应该是放松的，所以手出水时手心看上去应该向上，切不可划水划到一半手掌就开始翻转，把好不容易抓到的水丢掉，象打高尔夫球时打了一个地滚球。

　　为什么手入水后要先慢划呢？因为水不是固体，水是流动的，只有先慢后快才能把流动的水感觉成是固体的东西抓住，抓住了水才能够产生推进力。但前提是稳定好运动平台（身体的主要部分）再发力。就好像划船一样，船就是一个运动平台，船桨就是两臂。划船时也是先慢后快，才有抓住水的感觉。要掌握好运动平台与发力的关系。人在水中游泳，如果开始划得太快了，有划'空'的感觉，而没有手臂对水的感觉，划水时手臂要有阻力感。我们经常看到有些人划水见快不见进，就是这个原因。推进力的产生是加速运动，因为速度越来越快，手背后面的水永远不会填充刚被手臂划去的水，就是说没有水和你的手臂迎面撞上，就不会产生阻力。如果开始划水时用力过猛，那么后程的划水必须快过前程，否则手背后面的水就会填充进来与你的手臂迎面撞上产生阻力，这样既浪费能量又游的慢。人在水中就是要和水打交道，要学会利用水的阻力，利用水的特性，减少游进中的阻力，增大划水和打水的推进力，让水推着你游进。

三、 蝶泳和蛙泳的技术特征

虽然蝶泳和蛙泳是按照纵轴的方向游进，但它不是水平的直线运动，而是在臀部（蝶泳）或腰间（蛙泳）有一个横轴（身体的中心），身体重心围绕着横轴做上下起伏的动作，所以它们被归类于"横轴的运动"（图1-4、1-5）。

在蝶泳运动中，由于流体力学的原理，整个身体像海豚一样，**连贯**地做十分**协调**的上下起伏的波浪式动作，这样不但游得快，而且节省能量，十分经济。这就要求运动员有良好的柔韧性，即肩部、腰背部、腿部及踝关节，十分灵活并且有弹性。另外还有一个十分重要的就是腰间这个横轴偏低为好，越接近臀部越好。身体重心过高的学生，不太容易越过横轴，也就是，当打腿结束时，臀部应稍高出水面，如果身体重心就在那里，越过横轴就不难了。如果身体重心在腰部，臀部很难高出水面，越过横轴就有一定的困难，相应地增大了阻力。也可以说身体重心相对较低的人比较适合蝶泳。游蝶泳时头先行入水，紧接着手臂入水，与此同时有个压肩动作，肩部柔韧性好的人比较能够做出这个动作，因为水是有弹性的，在肩和胸部下压的同时，由于水对身体的支撑，身体将向上有反弹的作用，手臂的外划可以借助这个反弹做好内划的准备，已达到顺势随浪起伏，节省能量消耗。手入水的同时，打腿并提臀，此时的动作正是臀部最高点，也就是说，上体刚好越过横轴（身体的中心），身体顺着横轴往下出溜的感觉，如果做得好阻力很小，而且身体的位置不是迎角，而是像跳水时入水时的身体姿势，入水时是身体向后推水（压水）的动作，也就是下一个打腿的开始，所以也产生推进力。就好像腹部下有一个球，把这个球从腹部一直压向臀部、大腿、小腿的方向传递，然后由脚背把球踢出去这样一个连贯且协调的完整动作（图1-15）。如果上体越不过这个横轴，就是说没有提臀的动作，臀部总是低于上体，身体一直处在一个迎角的姿势，不能减少迎面阻力，使两臂的划水付出巨大的负荷及不经济的能量消耗。所以我们要努力地利用越过横轴这样一个身体姿势的优势，手臂划水才可以**借助**身体的有利位置，达到节省能量消耗又能产生最大的推进力。

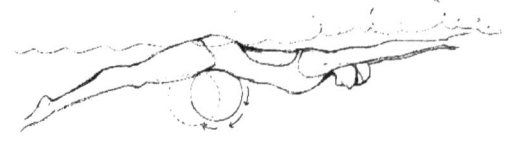

图 1-15 蝶泳的身体运动形式

我们都知道蝶泳消耗体能较大，多数选手不能游太长的距离，就是因为手臂划水时，不能很好地借助身体的有利姿势，而是在阻力较大的身体位置时，做单纯的划水，即手腿配合的节奏不正确，划水的时机没有掌握好，在划水时不是呼吸晚了，就是不打腿，或做一个很小的打腿，仅靠手臂划水的力量产生推进力。游泳是一项全身的运动，手脚配合才能游得更快，因此在划水的同时，一定要有一个打腿来减小手臂的负担，即手腿加在一起力量更大。恰恰在以往的蝶泳技术中，划水结束时用一个小的打腿来完成的，再由于人的惰性和不够重视两次均匀打腿，有人甚至只做一次打腿，划水时两腿就拖在后面。很多人已经习惯了这种游法，再改成两次打腿，反而觉得更累，索性就不改了。有的教练认为蝶泳也要因人而异，有的选手不适合两次打腿，反而做两次打腿会影响耐力。但在蝶泳的基础教学中一定要培养一次手两次均匀打腿的配合。

<u>蛙泳的技术特点</u>。蛙泳有几种游法，要因人而异，不能简单地说那种好那种不好。应该考虑到生物力学与生理学方面（能量的经济性）的原理。一般把整个人体作为一个力学系统，体内的肌肉力量、骨、关节、韧带、肌腱及筋膜等组织力是人体的内力；重力、摩擦力、水的浮力、阻力等是人体的外力。我们要如何利用好内力与外力之间的关系，在考虑加大推进力的同时也要考虑如何减少前进中给人体带来的阻力，把节省下来的能量用于更好地发挥运动成绩。

我认为现代蛙泳和蝶泳有一些相像之处，但也有它的独特性。自由泳、仰泳和蝶泳的打水和划水的节奏相似，它们具有协调的、连贯性的动作节拍，不会出现忽快、忽慢、停顿的动作节奏。从理论上讲，不受阻力的影响。而蛙泳为了游的更快它的动作节奏正是**慢，快，停**鲜明的动作节奏。

先分析蛙泳腿。蛙泳腿是先曲腿再蹬腿及鞭打动作，在曲腿与划水和呼吸的时候产生阻力，此时的身体位置不是流线型。因此要求完成呼吸和蛙泳腿的速度要很快，迅速使身体还原成流线型的姿势，然后滑行。因此在蛙泳中，产生了**慢，快，停**的时间差。慢 — 手臂向外划水时相对较慢，快 — 手臂内划、向前移臂和呼吸要快，一气呵成。停 — 打腿完成后呈流线型姿势的短暂惯性滑行（蹬夹腿完毕时的速度最快，为了利用速度产生的惯性而不浪费能量）。腿的曲、蹬、收一定要迅速且利落，腿弯曲的时间不宜过长。最难掌控的就是手腿配合的时间差。我认为，为了尽量不破坏身体的流线型，当完成划水，手、前臂、肩向前冲并开始低头的一霎那，迅速做收腿同时蹬收腿的连贯动作。也就是当你收腿动作还没完成就应该做好蹬腿的准备，而不是收腿之后再做蹬腿动作。**收腿的开始也是蹬腿的开始**（在游泳技术中有很多这种情况 — **第一个动作还没有结束第二个动作已经开始**）。也可以理解为，把收腿和蹬腿两个节拍合并成一个节拍来完成，且不可提早收腿以免破坏身体的流线型。当划水并呼吸时，两腿应绷直压住水，待划水完毕，再开始腿的动作。其实划水和腿的动作之间有一个小小的分界，但肉眼看不到，如果看到了，说明腿的动作太晚了，我们可以用摄影机来分析蛙泳手腿动作衔接的时间差（图1-16）。

图1-16 收腿前瞬间的身体位置　　水下镜头——收腿前瞬间的身体位置

蛙泳和蝶泳相近的一点是横轴运动,在腰间有一个横轴(身体的中心),轴不动,身体围绕着轴做上下动作。前面我们已经说过蛙泳有好几种游法,有大划手,还有小划手,有的人身体上起幅度小,有的人上起幅度大。蛙泳腿也是一样,有的大,有的小,不能一概而论。但有一点我认为不能变,那就是臀部一定要尽量越过横轴,至少不能低于横轴(图1-17)。理论上和蝶泳相仿,身体向前冲的时候,最好不是仰角,如果做不到,尽量使仰角接近零度。我要求我的队员尽量把头低下去,且头和手臂不能分开,就是说,头的位置不能高出手臂,但可以低于手臂,保持流线型身体位置。

身体向前冲的时候不是仰角的另一个优点是,我们都知道蛙泳腿曲腿时,大腿和小腿的夹角越小越有利于发挥肌肉的弹性,增大蹬、挟水的横截面积。但是蛙泳的弊端就是曲腿时,破坏了身体的流线型,但当身体不是仰角时,收腿时大腿和膝关节遇到迎面的阻力减小,那时由于臀部上提已经越过了横轴,腿的位置不至于太深,脚的蹬水角度是向后而不是向下方,这样避免了曲腿时大腿与迎面的水相撞(图1-18)。另外,向下方蹬腿亦不利于身体的滑行,向后蹬腿有利于身体的滑行。虽然蛙泳效仿蝶泳的技术,游起来看上去不那末平稳,但像蝶泳一样借助了波浪方式将能量不断传递,它的动力与鱼、海豚很相似,使蛙泳技术得到了改进。

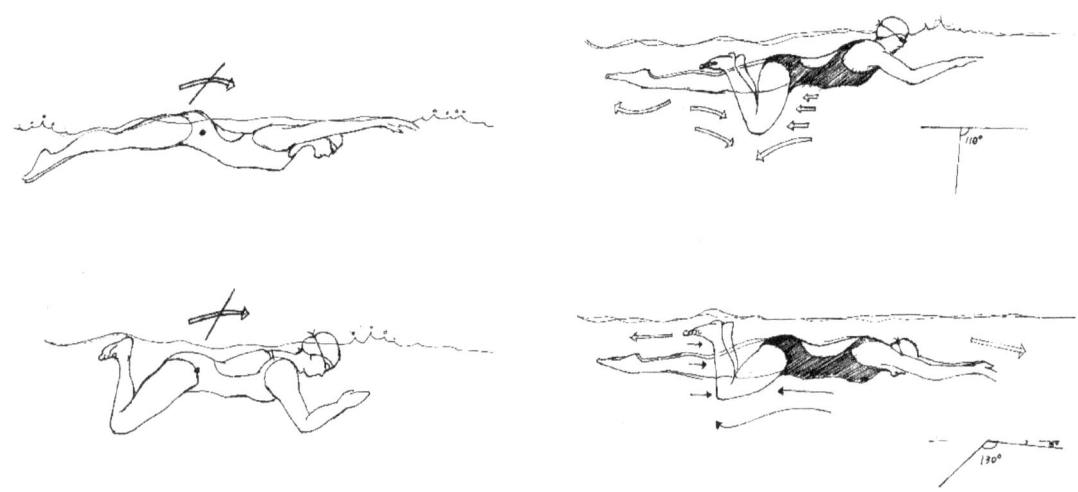

图1-17 蝶泳与蛙泳越过横轴的示意图　　**图1-18 蛙泳腿角度比较**

另外，呼吸时身体上起高一些也有一定的优势。我们都知道蛙泳的划水不但有手和前臂的划水，还要有肘的夹水和向前送肘的组成部分。爆发力和水感好的选手在完成划水后，身体位置较高，此时肩、前胸和背部都高出水面，如果腰的柔软度好就不会影响腿的下沉，此时的身体位置，由于腰部狭窄，水从腰的两侧流过减少迎面阻力（图1-19）。如果头出水面过低，肩和前胸的横截面较大，身体面对的迎面阻力增大。身体位置高的另一个益处是，由于身体较高，手臂划水完成后，前臂和肘很接近水平面，移臂时上臂不至于与迎面的水相撞，不但减少阻力而且有利于手臂向前够。由于腰部成反弓形，就好似拉满弓的弓弦，有利于腰腹部肌肉的发力，并带动手臂和上体向前冲，有利于划长，大大地提高了划水的实效。

从水感上讲，带来高体位的原因就是因为手臂能抓到更多的水，水感起到了重要的作用。我建议柔韧性好，手臂长的选手，可以适用这种游法，柔韧性较差的选手，手臂相对较短的选手，可以使用小划手以加快划水的频率亦可游的快。遵循扬长避短的原则，灵活运用不同的技术风格。

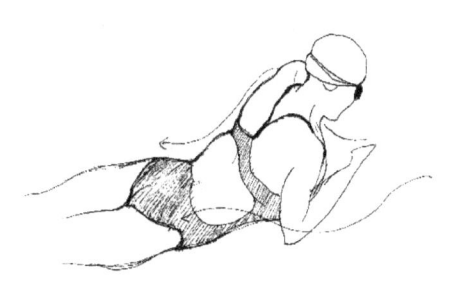 

图1-19 蛙泳划水结束后身体位置较高的效果（图与照片）

四、 蝶泳和蛙泳的运动学特征

从身体的游进轨迹上看，自由泳和仰泳是水平的直线运动，而蝶泳和蛙泳是上下起伏的曲线运动。但从身体的重心的行进轨迹来看，蝶泳，特别是蛙泳，不能有明显的上下起伏。

蝶泳和蛙泳属于横轴运动，横轴的位置是不变的，身体的重心要越过横轴，或就在横轴上。有的人游蝶泳和蛙泳，身体比较平稳，没有明显的上下起伏，横轴的位置和重心的位置基本上是一致的，重心的轨迹是小幅度曲线，趋向直线。有的人游蝶泳和蛙泳的动作幅度较大，出现跳跃的情况，身体的重心，围绕着横轴上下运动，重心的轨迹是曲线的运动。但从力学的角度讲，身体各个板块可以较大幅度地做曲线运动，但身体的重心不宜出现较大幅度的曲线运动，身体的重心有重心的轨迹，不能因游泳的姿势而改变。观察鱼类，鱼尾部的肌肉非常富有弹性，它的运动轨迹从鱼头部开始，然后向后传递。鱼虽然是曲线游进，但头部的运动幅度很小，肉眼是看不出来的，而尾部运动的幅度大（文献1）。因此，蝶泳上体的起伏要小于打腿的幅度，打腿要有弹性。蛙泳也同样，上体起伏的幅度不能影响身体重心轨迹做较大的移动，否则会出现臀部上下起伏过大，影响重心轨迹的运动，不能将能量畅通地传递下去。

我们来看一看蝶泳和蛙泳划水发力的作用点。蝶泳和蛙泳的双臂是同时进行划水的，所以容易掌握平衡。划水的作用力，应该是通过身体的重心点。因为，蝶泳和蛙泳呼吸时的身体位置，导致身体必然有向上的动作，蝶泳手臂的划水方向，是朝着身体的重心方向内划的同时下划，当手臂划至身体重心时，开始向后划。蛙泳手臂的划水方向是两臂分水后、抓住水后连同两肘（或前臂先行）朝着身体的重心方向内划的同时下划、上划。

蝶泳是模仿海豚的身体曲线，而海豚是没有手臂的，因此蝶泳的腿是模仿海豚的姿势，成为波浪式曲线运动。那么，身体中的板块，头部、躯干、臀部、大腿、小腿和脚，是连贯且协调地按照海豚游进的流线运动，身体中每一个板块的衔接，就好像一条链子，一环扣一环，环环相接，能量一环一环地不断向下传递，使得整个动作十分流畅。有人说蝶泳是最美的，那就是海豚腿的作用。海豚腿做好了，身体的重心越过横轴就不难做到了。实际上，手臂的划水是配合海豚腿的动作有节奏地划水。可以这样说，**_划水是推进力的主要来源，而蝶泳腿是造就海豚式波浪提供最有利于划水发力的先决条件，两者相互配合，相互依赖，是一个动作的整体。_**

第二章　游泳教学思路与方法

前　言

<u>老师教学生学习游泳，老师也从学生那里学到如何教游泳。有的时候老师需要站在学生的角度思考问题。</u>

<u>当今的游泳是百家争艳的时代，固有的模式已经不是一成不变的真理，我们需要学会从实践中找到与固有的模式不同的相对真理。</u>

在不断地对游泳的理解加深之后，考虑采取合理的方法教孩子们学习游泳。采用什么样的方法涉及到"哲学"的思想，以比较辩证的眼光去看待游泳。任何事物之间都有矛盾的存在 — 事物的两面性，不能说只有这个是正确的，其它都是不正确的。教孩子们改进游泳技术时，你所认定的"正确的技术"可能不适合他们，但也许你认为不一定正确的技术反而很适合他们，这就需要我们在教学现场不断地思考，并进行验证。

老师与学生是教与学的关系，老师教学生学习游泳的同时，也是了解学生个体情况的好机会，慢慢地你会发现，你的教学方法，不一定适合某些学生，他（她）们的学习能力也许还没有做好准备，这要看一看这些学生的基础条件是否成熟，我们应该学会找到另一种方法来达到更理想的教学效果。

什么是游泳教学呢？我的理解是，不管是对初学者、已经会游泳的人、已经参加游泳队的人、或是成年人，真正教会他（她）们学会、学好游泳，改进游泳技术的过程。在教游泳的时候，我们会遇到各种形式的教学，有的是以游泳班为单位来教学，有的是一对一的教学，有的可能是高水平的游泳队成员，还有的是不会游泳的成年人等等，要因人而异、因材施教，找到最适合这些不同人群的教学方法。因人而异，矫枉过正，循序渐进等等这些耳濡目染的词汇，我们都知道，关键是如何运用？我的体会是，首先要了解教游泳的'对象'是谁，比如年龄、性别、体态、身体条件（如，柔韧性、灵活性等）、掌握游泳的程度等等。第二步，了解他（她）

们目前的学习能力与想要达到什么样的目标以及学习的态度怎样。对学生的情况了解之后第三步，试着找出合适的教学步骤及方法。方法很多，要不断地去尝试，要做到所教对象的能力能够接受的教学内容，而不是悬殊太大的内容，不能强人所难。然后通过学生反馈回来的信息验证一下教学效果。就像中医的大夫给病人号脉一样，要号准病人的脉才能对证下药，达到治病救人的效果。奥运会双料冠军北岛康介的教练平井伯昌在《洞察力 — 实现梦想的指导法》一书中说到；"如果说教初学者什么是最重要的？那就是用初学者同样的目光面向初学者"（文献15）。其实很多教游泳和训练游泳的方法从学生那里可以找到答案，**作为教师和教练员，要勇于放弃自己的固有观念，不断探索更加切合实际的教学方法。**

在教学中应该尽量避免错误动作的出现，让学生尽量少走弯路，但是错误总是难免的，而且你会经常遇到学过游泳的学生，错误动作已经形成习惯。作为教师，就有纠正他们错误动作的义务。我在纠正这些错误动作的时候，首先要了解错误出现的原因，然后尝试着找出纠正错误的方法。**纠正这些错误动作要遵循一定的规律。有的时候教师要净化头脑，去处杂念，不要被固有模式所束缚**。简而言之就是不必纠缠什么姿势是正确的，什么姿势是不正确的，实施因人而异、矫枉过正、反正教学法，利用辅助性教具，以及心理教学法等，使学游泳的人有所进步，最终以达到能够把错误动作纠正过来为目的。

在后面四种姿势的常见的易犯错误与纠正方法小节中，我列举了一些常见的错误动作，但造成的原因，有的类似，有的相同，还有的可能是其它原因所致，因此，不免有出现重复的地方和不够准确的地方，但我觉得，还是尽量把各种不同的现象罗列出来，这样比较有针对性。本来这些错误的原因，无非就是身体失去了平衡，失去了重心，没有保持良好的流线型等等，为了纠正这些错误，即便有些重复，还是需要详细说明，以供大家参考。

另外，为了纠正这些错误动作，需要使用旁门左道的一些技巧或'杂游'进行练习。有关杂游，在第四章中专门讲解，这里不做过多的解释，只是提示参考第四章中某个杂游之类的等等（特殊的例子除外）。

第一节　教学思路

一、 如何提高教学质量

<u>优秀的教练首先应当是一名优秀的教师。</u>
<u>无论方法如何，先达到目标的就是好的方法。</u>

我主要从事 12 岁以下年龄组的游泳教学与训练工作。游泳班和游泳队是分开的，学会了游泳之后可以参加游泳队接受训练。一般来说加入游泳队之后，虽然教练也指导孩子们的游泳技术，但还是以训练为主，以纠正动作为辅。

游泳教师与游泳教练之间应该是怎样的关系呢？有的教练只是做游泳队的训练工作，也有的兼职作游泳教师，还有的只做游泳教师。作为游泳教师，仅是为了教孩子们学会游泳，而教练兼职教游泳有一定成分是为了学生学成后到游泳队参加训练。没有做过教练的教师，体会不到训练的过程，没有做过教师的教练，虽然对游泳的技术方面非常熟悉，也不会体会到教师教游泳时使用的哪些教学方法与步骤才更为有效，可能在训练现场用更简捷生硬的方法指导队员，不会过多地考虑有些技术问题需要几个或多个步骤才能使错误动作得以纠正。教学与训练都有各自的学问。教学是教育学范畴的学说，而训练是运动生物学范畴的学说，说起来是截然不同的两个方面，但认真的思考一下，它们之间又有着千丝万缕不可分割的关系。如果教师兼教练，就应该懂得两方面的知识，如果掌握了教育学中的方法论，就能够把教学实践中好的方法运用到游泳队的训练中去，反过来，如果掌握了运动生理学、运动生物学的一些理论知识，并把它合理地运用到教学中去，那么对教学质量的提高是一个突飞猛进的结果。

我的教学理念 — 作为一名好的游泳教师，应该懂得一些训练学原理，最好游泳教师同时也是一名教练员。可以说，教学的目的就是为将来培养有资格接受训练的人才，那么训练也应该是把好的游泳技术延续下去。为此**作为一名合格的教练员，<u>首先</u>应该是一名合格的教员。**

如何使学生学游泳能达到又好又快的效果呢？我的体会是：**适应性、严格、效果。**

适应性 ——"适应性(adaptation)"是生理学与运动生物化学方面的词汇。我的理解是通过一堂游泳课所安排的一定负荷的总运动量和练习每一个动作所规定的一定的距离，使得人体的有机体与施加负荷的外部环境不断取得平衡的过程。当外界环境发生变化时，机体内环境的相对平衡受到破坏，体内各种功能不得不重新进行调整，以维持机体内外环境的相对平衡，这就是适应过程。适应是生物活动的基本规律之一，也是通过运动，提高人体竞技能力，取得优异运动成绩的生物基础。

我在游泳教学中，也时常牢记'适应性'的道理。在教游泳和训练运动员的过程中，有意识地安排一些教程和训练科目，打破机体内环境的相对平衡，使之发生向较高机能水平的转化，从而在施加的运动负荷相适应的水平上重新获得平衡的过程已达到适应。在课程设置中，在几个关键性问题上要有几个突破，也就是说有几道关口，要一关一关地过，都闯过去了，就达到了适应，就可以加快学习游泳的进程，起到事半功倍的收效。那为什么有的人学得较慢呢？就是没有闯过这些"关"，没有达到人体有机体的适应。

例如，初学者学习自由泳打腿，一趟25码或50码，争取一口气打下来不能停。如果总是打不到10码，肌肉有一点酸的感觉，就停下来，自由泳腿就会学得很慢。再如，做自由泳移臂动作时，僵硬的象木偶似的，原因是游10吗就停下来，要游得更长，才能解决僵硬的问题。道理其实很简单，僵硬的手臂不可能持续很久。根据能量代谢原理，只要能不停地游200码以上，肌肉自然会收缩—舒张自如，手臂就能够比较放松地交替进行。动作放松了，动作也就容易按照要求去做，学习的速度又快又好。要充分体现"适应性"这一原理。

"适应性"是我成功教学与训练的关键之一。人的有机体就是在接受各种刺激后，并在不断的刺激中成长。只有很好地掌握"适应性"，才能更好地发掘每一个学生，每一个运动员的潜力。

那末什么是"适应性教学"呢？当你学习一个新的东西，或是从一个习惯改变成另一个习惯，都要有一个适应过程。所以说，"适应性"也是学习、适应、不适应、再适应的过程。在教学中要不断地去学习并适应新的内容，这个过程就是适应性教学。不适应，不习惯就没有学会你要学的东西。特别是**纠正一个不习惯的动作，而且使它适应一个新的习惯，需要坚强的意志力，否则旧有的习惯很快就会被重复**。

学游泳不仅是靠大脑来记住的，更重要的是靠"本体记忆"或"本体感觉"。本体感受器是本体感觉的外周部分，是埋在肌肉、肌腱和关节囊中的感觉神经末梢，统称为本体感受器。当肌肉缩短或被拉长时，都会对肌肉、肌腱产生刺激，使这种刺激转入中枢神经系统，然后通过动觉细胞的分析综合活动，就能感知身体在空间的位置、姿势以及身体各部位的运动情况（解剖学）。学生的一切技能只有在本体感觉的基础上才能形成，借助本体感受器就能感知每一动作中肌肉、肌腱、关节和韧带的缩短、放松和拉紧的不同状况，为大脑皮质对运动行为进行复杂的分析综合创造条件。简单地说，当老师讲解一个动作，学生靠大脑记住了原理，但在水里却做不到，因为游泳的动作不仅仅要用脑子来记住它，更重要的是通过"本体记忆"（肌肉来记忆）的不断练习，大脑支配肌肉群中的神经系统来记住动作要领的。也就是说，在水中游进时，是由你的肌肉群，有序地，协调地来参与完成的。当你接受老师的一个教学指示信号时，你会按照这个指示去做，你身体上的肌肉群，按照动作的指令，舒张与收缩来完成这些动作。肌肉群不断地按照这个动作去舒张与收缩，逐渐地，"适应性"就产生了，这组肌肉群就适应了这个动作。当你又一次的接受这一指令时，你就能够顺利地做出这个动作，也就学会了。但要注意掌握好每次练习的距离，距离太短，肌肉不太容易记住动作，一定要有适当的距离，才能使本体记忆与适应性得以应用。

那末，错误动作的形成也是同样的道理，每一个动作都应该由相应的肌肉群来参与，当你接受一个指令后，你用了多余的肌肉群来参与了这个动作，那么你也会用多余的肌肉群来记忆这一动作，于是错误的动作就产生了。在教学中，教师应该具有"本体记忆"的教学意识，对教一个新的动作或纠正一个错误动作都有作用，这样才能加快教学的进程和质量。

我在上游泳课时，每隔一段时间或对升入新班的学生，对每一个技术环节都设有一定的难度，以及适当的运动量，给学生有一种不太轻松的感觉。使他们始终要不断地克服某种程度上的困难，直到他们比较轻松地完成该动作之后，才能熟练地掌握某种运动技能。时间长了学生就渐渐适应了这种方法，同时，也潜移默化地培养了学生吃苦耐劳的精神。因此说来，"适应性"不仅在游泳教学中使得学生受益匪浅，而且在教育子女的成长中也同样起着积极的作用。

严格 — 就是说在技术规范动作上要精益求精，对学生要严格要求。看到不符合动作要求时，要给与及时纠正，决不允许错误动作的不断重复。人都有惰性，少年儿童还有精神不够集中、或集中时间较短、对规范动作持续时间短的特点，所以要特别注意严格要求，一丝不苟，不给本体记忆，记住错误的动作的机会。

有时候完美的动作不易掌握，动作也很容易变形，错误的动作很容易形成。对于错误动作不要视而不见，使之错误动作定型，误人子弟。所以要以"严格"要求为准则，坚守教师的职责与提高教师的责任心。

效果 — 就是说在相同的时间内和同等的条件下，学得快，动作要领掌握的准确，对有机体有一定的改善，尽量不做无效果，浪费时间的工作。我对 6-12 岁年龄组的教学原则是**"少讲多练"**，对孩子们讲得太多，他们一来理解不了，二来也做不到，其结果是浪费时间，达不到教学效果。其实有一些技术动作过程，对一般的儿童来说，根本就没有必要多讲。按照编好的分解动作，一步一步地去做，水到渠成。要充分利用游泳池的时间，上完一堂课有累的感觉，有一点压力感，使有机体接受到一定的刺激，使学生在上游泳课的过程中感到有所进步，<u>不断地进步才能激发想要学下去的兴趣和动力。</u>

我在游泳教学中，停下来和学生讲一讲，仅是为了提示一些关键性的问题，鼓励做得好的学生，对较差的学生加以指正，此外可以借此休息片刻，30 秒到 1 分钟的时间足够了。整个一节课看上去大家都在游动，充分利用上课的时间。一般情况下，我安排初级班（红，蓝，绿）练习的运动量为，一节课 60 分钟，约 500-750 码。计算下来 3/4 的时间都在游动。

<u>正确的指导方法</u>及<u>合理的运动量</u>是影响"效果"的关键。长期以来我在实践中，逐步形成了一套教学方法，不断尝试合理的运动量，即便是同一班的学生，由

于年龄上和体力上的差异我采取了因人而宜的原则，让运动量适合每一个学生的能力，不采取平均主义。我给我的这一教学法起了一名称叫"快鸟先飞"，能者多劳，而不是笨鸟先飞让学的快的学生呆在那里发抖。

我在几年的教学中，抓住了以上三点，对学生严格要求，不断改进教学手段，使学生不断地适应我安排的教学节奏与进程，收到良好的效果。

二、 我的座右铭

看似复杂的事物也许很简单，看似简单的事物也许很复杂。
简单的事情说起来容易做起来难，复杂的事情说起来难做起来并非难做。
如完整的游泳技术动作是很复杂的，它包括很多细节，但是只要抓住了"流线型"一切事物就迎刃而解了，这不是很简单吗。"流线型"听起来很简单，不就是一条直线吗，但真正做到这一点却甚忽仅有。所以说复杂的事物不要觉得有多么难，简单的事物决不能忽略。

"流线型"(Streamline)与"能量代谢"(Energy Metabolism)是我的'座右铭'，是训练、教学的中心思想。

流线 — 在流体力学中，常使用流线来研究流体的运动。流线是指沿着流体微粒运动轨迹所描绘的线。物体是有形状的，不同的物体的形状在水中产生不同的流线分布。阻力与物体的横截面（正面面积）有关，横截面越小的物体，迎面阻力就越小。游泳时身体姿势越是接近水平，横截面面积就越小，阻力也小。那么能够保持最小阻力的身体姿势就称为"流线型"身体姿势。我认为，*减少阻力=增加肌肉力量+减少能量代谢的消耗*。还可以说，生物力学的效率是推进力与能量消耗之比。这就是我们平常看到的，有的运动员很瘦并不是很强壮，他们却游得很快，或者，游泳技术好的运动员，游起来显得很轻松，相对能量消耗就少，因为身体的流线型好，阻力小，减少了克服阻力时所消耗的能量。因此，无论在教学中设计每一个分解动作，还是在游泳队的训练中设计的每一个杂游(drills)，我都会首先考虑到"流线型"。讲到流线型我们又要说，游泳是一项在水中进行的体育运动项目之一，我们不能单纯地只是想到，游泳就是游泳运动，这样你会偏离了运动学原理。如果你只是按照游泳的技术理论去做，是远远不够的，你是否应该试着按照流线型的原理去做会更好些，因为流线型不但使你游的更快，而且流线型还会让你想到更多方面的相关知识。

　　大多数游泳运动员们，很喜欢使用打水板，而且都喜欢趴在打水板上打水，他们觉得这样很舒服。在游泳队的训练中，我很少让队员们使用打水板。因为使用打水板打水很可能不利于身体流线型姿势，打水板长期支撑着手臂，降低了手臂对水的压力，和对水的控制能力，也降低了抓水之前手臂的水感。我训练他们打水时，不用打水板，只是手臂前伸，尽最大的努力去保持身体的流线型。这样做有一定的难度，适应了就不觉得难了。但要注意一点，在做自由泳和蝶泳打水时要强调呼吸时不能停止打水，不能减缓打水的速度，不能改变打水的频率。我使用打水板一般都是在上游泳课的时候，或是在训练时，做打水计时，或是在放松时才会使用。

　　正确的使用打水板的方法是，两手握住打水板的两侧的中间或底端的位置，这样做可以把头放在水里也可以保持身体水平的流线型姿势（图2-1）。

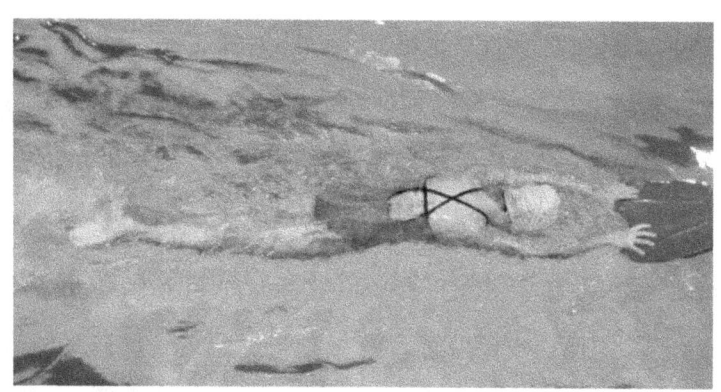

图2-1 正确地使用打水板

　　在多年的教学与训练中，**我发现许多破坏身体的流线型和协调性的问题，大都是在呼吸的时候**（特别是自由泳-仰泳除外）。呼吸的时候，都会有个转头的动作，所以头是个关键。另外呼吸是在游进时做的动作，除了划水和打腿外，还有呼吸，是三个联合动作，动作越多就越复杂，就越不利于协调性的发挥。呼吸方法不正确也影响身体的流线型。

从**心理学**的角度来看，当你呼吸时，**注意力**有所转移，其它的动作会减缓下来。对于自由泳来说，真正的流线型应该是头和身体，都保持在纵轴上，所以当呼吸的时候，头要随着身体的转动开始转动，身体转45度头转动大于45度，头和身体都不能脱离纵轴，切不可只转头不转身体。呼吸的时候不应把注意力只放在呼吸上。一般自由泳的呼吸会出现这样的错误：滞缓或停滞打水，划水过短，身体扭动等等。**呼吸时的注意力应该在你常出现的错误上**。改正的方法有很多，主要是提高你的**注意力**，在你出现错误时，给予**有意注意**的提示。如，教练可以在你呼吸的时候，用手势或语言强化你的**注意力**，也可以设计一些杂游来帮助提高你的**注意力**，帮助改进呼吸时自由泳的整体技术。

"能量代谢"（Energy Metrabolism）。能量代谢和流线型是有着密切关系的，我们可以这样认为，***节省能量=流线型+正确的发力点***。节省下来的能量可以游的更快，可以游得时间更长。"能量代谢"无论对训练，还是比赛，或是对一堂游泳课都很重要。

训练就是为了提高能量代谢的能力，要掌握好训练量，训练强度和训练密度的火候。要把"能量代谢"铭刻在你的脑海里，当作座右铭，制定好每堂游泳课与训练课。如果掌握的好，教练能够随时察觉到运动员的身体状态，有利于训练周期的调控，减少运动损伤。12岁以下年龄组的训练，要特别注意训练的尺度，要为他们未来出成绩着想。比赛的时候，也要教他们如何分配好体力，游出最好成绩。教练员要弄懂三种能量系统：无氧/非氧供能（即三磷酸腺苷(ATP)-磷酸肌酸(CP)供能系统、乳酸-ATP再生的三磷酸腺苷或糖酵解系统、有氧供能系统这三种能量之间最基本的关系。要教给他们如何游50码，100码，200码，500码的项目，要充分利用这三种能量的分配，才能比出最好成绩。

为什么说"能量代谢"对一堂游泳课来说也很重要呢？因为我悟出了一条真理，那就是：**"当你累的时候才能真正学会游泳"**。因为当你不累的时候，你总能把动作做得比较好，但当你累的时候你的动作就会变形。我们可以换向思考，如果当你累的时候你的动作还不变，说明你这个动作已经运用自如，真正地学会了这个动作。因为学游泳的学生从没有参加过游泳训练的经历，游的距离稍微长一点，心跳和呼吸就会加快，动作节奏就会紊乱，这就需要有个适应过程，在身体内有个能量转换，能量再生的过程，这其中就体现了能量代谢的意欲。所以说，设计一堂游泳课，不但包括老师要传授给学生游泳技术，还要利用能量代谢帮助游泳技能的形成与巩固。因此合理的运动量对一堂游泳课来说十分重要。

三、 教学方法

关于先教什么，后教什么的问题，应本着由易到难，循序渐进的原则。在20余年的教学中，我总结出如何从初学者开始教会游泳的四种基本姿势，进入中级阶段后如何巩固提高学生的游泳基本技能，升入高级班的学生又如何掌握更高级的游泳技术，为游泳俱乐部输送人才。

在美国和日本一般都是先从自由泳开始教起，中国大部分地方是先从蛙泳入手。许多家长教自己的孩子学游泳也都是先从蛙泳学起。在中国许多业余体校办的游泳班都是在深水教起，先学立游，踩水，然后就逐步形成蛙泳的雏形了。学习的速度很快，大约15天一期就能学会。这样的速度对美国来说是不可想象的。

我采取的教学顺序是先教自由泳。原因是自由泳是四种姿势的基础，*自由泳最容易学也最难掌握。自由泳教学是一项长期的任务*。

我的游泳班，分为三个阶段六个等级。即初级、中级与高级阶段，又细分为，红、蓝、绿、铜、银、金六个等级。初级包括红、蓝、绿，中级包括铜和银，高级为金。好像一个基础牢固的金字塔（见下图）。

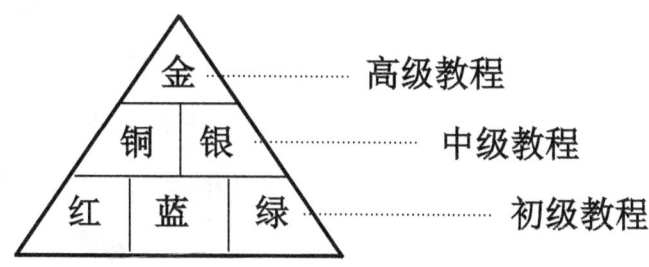

游泳运动不是人的本能，完整的游泳技术动作是很复杂的，比陆上某些体育运动更难掌握平衡。我把完整的游泳技术动作进行分解，按照循序渐进的原则，设计一套由易到难的教学方法，并把这些分解动作揉到各个等级和各个阶段的教学中去实施，学习的效果会更好一些。

初级教学阶段的目的是，掌握四种姿势的打腿及最基本的动作要领（我个人设计的基本动作）。具体是，自由泳和仰泳的直臂车轮式划水，及小幅度，接近直腿的上下打水。蛙泳则要求手腿的基本节奏配合，不要求划水和腿的难度。蝶泳要求基本正确的打腿，两臂能蝶出水面，两腿保持不停顿的打腿即可。另外要学会自由泳在行进中的滚翻动作，不要求滚翻加蹬离池壁。仰泳的水平面出发动作。初级自由泳池边出发和摸边转身动作（单手）。

中级阶段，学习自由泳和仰泳的小幅度曲臂划水及较大幅度地侧向打腿技术。蛙泳要进一步完善正确的划水动作和蛙泳腿的鞭打动作，以及**划水-打腿-滑行**的技术配合，滑行时强调"流线型"。蝶泳要求手腿的配合，要求微曲臂下划和直臂水平还原。学习自由泳和仰泳转身的基本技术及四种姿势的出发的基本技术及简单的杂游。

高级阶段，尽可能地掌握四种姿势的高难动作，因人而异学习 S 型和高肘划水技术。并继续掌握熟练的出发，转身技术。另外还要学习 10-20 种杂游，以便帮助提高水感和身体的流线型姿势。为进入一流的游泳队训练组做好准备。

根据多年的经验，我积累了以下教学步骤的模式（见下表）。

第一个等级（红班），先从自由泳腿教起。动作基本正确，并可以连续打腿 50-100 码，方可开始学手扶打水板自由泳联接游。在身体基本上能保持流线型和正面或侧向呼吸，并能连续游 50-100 码后，可以开始学习仰泳腿和蝶泳腿。此时仍在初级阶段。蛙泳腿不能学的过早也不能学的过晚，因为蛙泳腿与其它打腿不同，如果学的过早会在其它打腿中出现蛙泳脚的错误动作。学的过晚，学习蛙泳腿就会有一定的困难。所以最好在刚刚掌握自由泳腿之后，即可开始学蛙泳腿。还是适应性的道理，不能让学生以适应一种动作而对另一种动作有抑制的作用，在还没有完全适应之前学习另一种动作，这样一前一后，双管齐下，学生很快就能区别两种打腿的不同之处。总之，掌握好什么时候开始学习蛙泳腿的时机，是游泳教学的一道门坎，迈进了这道门坎，四种姿势的打腿就没有大问题了，剩下的事情就是要多练习打腿。

在完成手扶打水板自由泳联接游(Catch-up)，以及仰泳腿、蛙泳腿和蝶泳腿之后，在继续巩固的基础上，除了学习扶板的自由泳联接游，还要学习徒手仰泳联接游。通过考核基本掌握这些动作之后就可以升入篮班。

在第二个等级（蓝班），继续完善自由泳（扶板）和仰泳的联接游，并开始学习不扶板自由泳联接游，使学生尽可能保持身体的流线型位置。在篮班的教学中，还是以自由泳和仰泳的联接游为主，在继续完善四种打腿动作的同时，学习车轮式自由泳和仰泳，这个练习不是主要教学任务，不管是直臂还是曲臂，只要做到像车轮转动那样的节奏即可，因此只做1-2次练习，每次游25码。另外学习最初级的蛙泳。只要做到蛙泳的基本动作中的手脚配合就可以了，对划水和打腿的技术没有过高的要求。

第三个等级（绿班）除了继续完善上一等级所学的内容之外，开始学习初级的蝶泳（使用脚蹼），初级的出发（包括池边的自由泳和仰泳的蹬边出发及岸上跳水的水平式出发）和游动中的滚翻动作。对学习车轮式自由泳和仰泳要求学生尽量直臂划水和直臂还原，这个练习做2-3次，不宜多做。对蛙泳的要求是，除了基本的手脚配合之外，要有滑行，但不要求流线型。学生完成学习游泳的最基本的技术之后可以进入中级阶段。

进入中级阶段（铜班和银班），在四种姿势基本动作的基础上，开始学习正规的技术动作。如自由泳、仰泳、蝶泳（使用脚蹼为主）小幅度的曲臂和曲线划水技术。学习蛙泳**划手—打腿—滑行**的手腿配合的技术动作。在蛙泳中，重点强调滑行和身体的"流线型"。同时学习各种打腿的技术，如自由泳和仰泳的侧向打腿，背向蝶泳腿和背向蛙泳腿，流线型蛙泳腿（徒手）的技术。还要学各种姿势的出发与转身的基本技术。在这一等级中特别强调四种姿势的节奏。要求自由泳和仰泳做到一个周期划水六次打腿。要求蝶泳一次手两次均匀打腿。在中级阶段教学结束时，学生应掌握较全面的游泳基本技术。

进入高级阶段（金班），在继续完善四种姿势基本技术的同时，注重水下划水的实效和动作的细节及游泳动作的协调性和节奏感。如自由泳的六次打腿和高肘技术，手臂轻快的划水。蛙泳手臂的迅速前伸和最佳手脚配合的时间差。自由泳和仰泳滚动式侧向游法等。尽可能地使四种姿势的出发及转身技术达到精益求精。另外大量地学习和使用各种难易程度不同的杂游技巧。

在高级阶段中，学生应掌握所有竞技游泳的技能技巧，可以参加游泳队的训练。但刚进入游泳队训练的时候，由于技术还不够稳定，很容易受到环境的熏染，还应继续在高级班上学习一段时间，学习难度较大的技术动作和难度较大的杂游，提高在水中各种游法的能力，利用这个年龄层儿童的可塑性能力来提高改进技术，均匀地发展身体各肌肉群的力量及协调性、神经系统的转换能力，完善一个游泳运动员应具备的潜能。如果需要，可以组织一个特别班，专门为刚进入游泳队的运动员准备的加强班。

*参考下面教学步骤总表

*表：教学步骤

等级	颜色	教学内容	教学要求
初级	红班	1、扶打水板自由泳腿 2、扶打水板蝶泳腿 3、手臂置于体侧或流线型仰泳腿 4、扶打水板自由泳 5、扶打水板蛙泳腿 6、初级仰泳	所有的学生需要带浮漂 1、两手臂伸直，低头吐气，抬头呼吸，中等打腿频率，25-50码。 2、不要求蝶泳腿有腰部的动作。25-50码。 3、仰泳腿不要求流线型手臂，能做更好。25-50码。 4、不要求侧向呼吸。直臂下划，拇指触及大腿处后直臂移臂。 5、蛙泳腿只要求照猫画虎。25-50码。 6、课程结束前2-3分钟，在水中模仿一下仰泳动作。
初级	蓝班	1、扶打水板自由泳腿 2、扶打水板蝶泳腿 3、流线型仰泳腿 4、扶打水板自由泳 5、仰泳联接游 6、扶打水板蛙泳腿 7、初级仰泳 8、初级自由泳	所有的学生需要带浮漂 1、两手臂伸直，低头呼气，抬头吸气，小频快速打腿。50码。 2、要求模仿海豚腿的动作。50码。 3、要求手臂上举，挟紧，枕于头下，呈流线型。50码。 4、要求侧向呼吸，伴随着身体的转动。直臂下划，拇指触及大腿处后直臂移臂。 5、要求直臂下划，直臂移臂，完成划水后手触手呈流线型。 6、要求两脚外翻，蹬挟。 7-8、初级仰泳和自由泳只做1-2次练习，不要求技术。
初级	绿班	1、扶打水板自由泳腿 2、扶打水板蝶泳腿 3、流线型仰泳腿 4、扶打水板自由泳 5、仰泳联接游 6、扶打水板蛙泳腿 7、自由泳联接游 8、初级自由泳 9、初级仰泳 10、初级蛙泳 11、初级蝶泳 12、行进中滚翻	部分学生需要带浮漂 1、小幅或中幅快速打腿50-100码。 2、要求明显的腰腹动作，呼吸时不得停顿打腿。 3、快速流线型打腿，脚不得踢出水面过高。 4、侧向呼吸时头紧贴手臂，伴随着身体的转动。直臂下划，拇指触及大腿处后直臂移臂。 5、要求直臂下划，直臂移臂，完成划水后手触手呈流线型。身体要有所转动。 6、进一步完善收-蹬-翻动作，动作完成后两腿并拢。 7、同4，只是不使用打水板。 8、直臂车轮式自由泳，水下不强调直臂可以自然弯曲。 9、直臂车轮式仰泳。 10、要求划水-蹬腿的手脚配合与短暂的滑行。 11、课程结束前5分钟，学习雏形蝶泳，不要求技术。
中级	铜班	1、继续完善四种姿势的打腿能力，学习仰卧蝶泳腿 2、进一步完善自由泳联接游 3、进一步完善仰泳联接游 4、流线型蛙泳腿 5、初级自由泳 6、初级仰泳 7、初级蛙泳 8、初级蝶泳	1、课开始的前10-15分钟，每一种姿势的打腿100码。戴脚蹼正反蝶泳腿，体会腰腹的发力。 2、手臂下划，但不强调直臂。 3、要求动作更加完善，身体绷直，快速打腿，手臂直臂下划，不强调直臂上划和推水。 4、不扶板蛙泳腿，要求两手合拢，两臂伸直，呼吸时手臂有直臂下压的动作，蹬脚结束后，滑行1-2秒钟。 5、要求手臂下划，但不要求直臂。要求直臂移臂。连贯的动作节奏。 6、同5。 7、要求划水结束后手臂向前伸直，做到划水-打腿-滑行的动作节奏，滑行时身体呈流线型。

		9、摸边转身，池边出发 10、游自由泳的途中学习滚翻动作	8、戴脚蹼蝶泳，要求手臂下划，并迅速直臂移臂，尽量不间断打腿 9、学习正确的摸边转身及池边出发动作，养成良好的习惯。 10、6次自由泳手1次滚翻，准备滚翻时，可以呼吸，并同时做一次蝶泳腿，协助滚翻。
中级	银班	1、学习带脚蹼徒手流线型正反蝶泳腿和自由泳腿和仰泳腿，侧向打腿和各种水下打腿技术 2、进一步完善自由泳联接游 3、进一步完善仰泳联接游 4、流线型蛙泳腿 5、中级自由泳 6、中级仰泳 7、中级蛙泳 8、中级蝶泳 9、摸边转身，池边出发和池边跳水出发 10、自由泳和仰泳的途中学习滚翻动作与初级的池边滚翻与蹬离池壁	1、加大打腿幅度(脚蹼)。做25码右侧、25码左侧自由泳和仰泳的侧向打腿，一手臂位于体侧，一手呈流线型，整个身体呈鱼状。水下2-3尺深度流线型打腿。 2、手臂下划弯曲大于110度，移臂时，放松，不强调直臂移臂，但要求手入水在肩的延长线的远端。 3、手臂直臂下划至1-2尺深再弯曲大于110度，移臂时，要求肩部露出水面。 4、要求腿的蹬挟动作迅速，手臂呈流线型，始终保持在水平面上，滑行1-3秒。 5、曲臂110度左右高肘划水，不要求高肘移臂，手臂自然弯曲。 6、曲臂110度以上划水。 7、划手-蹬翻脚-滑行，要求腿的蹬挟迅速，滑行3秒，滑行时头部位于手臂下面。 8、曲臂下划，直臂移臂，头入水先于手臂。一次划手与两次或三次蝶泳腿的配合。 9、完善摸边转身和池边出发。池边跳水出发要求手臂先入水，然后是头，身体。入水（角度）先深后浅。 10、50码自由泳和仰泳的六次手加一次滚翻。仰泳滚翻动作要求1-2-3节奏，即，纵轴转身180度-划水-滚翻
高级	金班	1、进一步加强各种打腿的能力。 2、进一步完善自由泳和仰泳的联接游 3、高级自由泳 4、高级仰泳 5、高级蛙泳 6、高级蝶泳 7、自由泳和仰泳的池壁滚翻转身技术 8、蛙泳和蝶泳的转身 9、跳台出发 10、学习各种杂游	1、在身体流线型的前提下，学习各种打腿技巧，扶板，徒手，抬头式打腿等等… 2、高肘划水，高肘移臂（仰泳除外）的自由泳和仰泳联接游。 3、高肘划水，直臂和高肘移臂两种都掌握。学习直线和S型划水技术（因人而异，直线划水也可以）。 4、S型高肘划水技术，以及身体的左右沿纵轴滚动。 5、缩小划手和打腿的幅度，加快划手和打腿的速度，加快呼吸的速度，加长滑行的距离。 6、S型划水技术，及手脚配合的节奏，准确地打腿时机与提臀压肩的技能。加快蝶泳的频率和娴熟能力。 7、学习自由泳和仰泳的转身，要求滚翻后，面部朝上，自由泳在水下登池壁后再转身同时打腿。 8、正确的蛙泳和蝶泳转身技术。 9、不要求高难度的出发技术，只要求入水时，身体呈流线型姿势，腿不要弯曲，不要抬头，尽量减小入水面积。 10、学习各种杂游技巧（见第四章）

注释：四种姿势分别称为，初级自由泳、中级自由泳、高级自由泳，其它姿势类同。

我主张儿童从六岁开始学习游泳，个别的女孩可从5岁开始。小于六岁的儿童学游泳没有什么效果。个头矮小或体弱的孩子，七、八岁开始学也可以。对一般的儿童来说，初级阶段大概需要60-80个学时。中级阶段大约需要40-60学时。高级阶段 40 学时以上。如果按每周 1 学时来计算，大概 3-5 年可以学成。当然根据儿童的年龄和个体差异的不同，学习速度的快慢也不同。

我不赞成 3-5 岁开始学习游泳。玩水可以。因 3-5 岁的儿童学到 8 岁所花费的时间和 6-7 岁的儿童学到 8 岁所花费的时间不同但效果一样。如果考虑培养儿童将来进入游泳队训练，学习游泳最适宜的年龄为 6-9 岁。如果每周学习 2-3 次，比每周一次进展速度快 3 倍以上，1-2 年可以进入游泳队。

我有许多学生 7-9 岁开始学习游泳，只学了一年左右便参加游泳队训练。这些学生的优点归纳为**"吃苦"，"认真"，"喜欢"**。这六字是优秀运动员应具备的**精神素质**。对于学习慢的学生来说，除了体胖，柔韧性差，运动能力差之外，主要原因是对学习游泳缺乏兴趣。

四、 游泳纵轴运动的教学特点

要学一点游泳的发展史，旧的学说和古老的技术不能说时过境迁了，有时候旧的东西也是新的东西，新的东西也会陈旧。

有关纵轴运动，我下面主要对自由泳及仰泳的教学作更进一步的详尽的阐述。

自由泳和仰泳教学中最重要的就是流线型。流线型体现了"直"。那么怎么样才能做到直呢？**腿要绷直，手臂要绷直，身体要绷直，更重要的是在游进中要绷直**。这一点对游泳的**入门**至关重要。刚开始学游泳时不要怕僵硬，但不是过于僵硬，是在动作相对协调的情况下的相对"僵硬"。**经过大量的练习后身体的'协同肌'会帮助'原动肌'相对放松下来，而控制身体平衡的肌肉群得到了强化**。对初学者而言，身体和四肢在游进时相对绷紧，动作不至于变形。如果一开始学游泳，腿和手臂的弯曲过大，会造成腰部扭曲，如果形成了习惯，有可能将伴随终生。著名教练图列斯基曾经说过；"要让运动员在游进中身体绷紧、在游进中身体应保持适度地紧张、在游进中，身体保持紧绷是首要的"（文献 1）。

我认为游泳的技术应分为**初级技术—中级技术—高级技术**。如果不对游泳的技术进行等级划分，很难做到适合每一个年龄层和每一个不同水准的人。技术的划分是循序渐进的，合情合理的。

对12岁以下年龄组的教学先不强调'S型'划水和'高肘'技术。对初级班的学生实施初级技术的教学，在打腿和控制身体的能力还不稳定的情况下，只学习自由泳联接游和仰泳联接游，并要求他们直臂划水，直臂移臂。直臂划水对初级学生很重要。一般来说是先学打腿后学划水，开始学划水时，对初学者来说手臂能不能伸直至关重要，要把'<u>**先直后曲**</u>'的原则贯穿于游泳教学之中。对中级班的学生实施中级技术的教学，以学习自由泳联接游和仰泳联接游为主，然后是前交叉游，以中交叉游为辅。对初学者，我要求他们手臂的运动方向是沿着纵轴的方向直上直下，好像车轮的转动，手臂的动作尽量是纵向的而不是横向的运动（图2-2）。

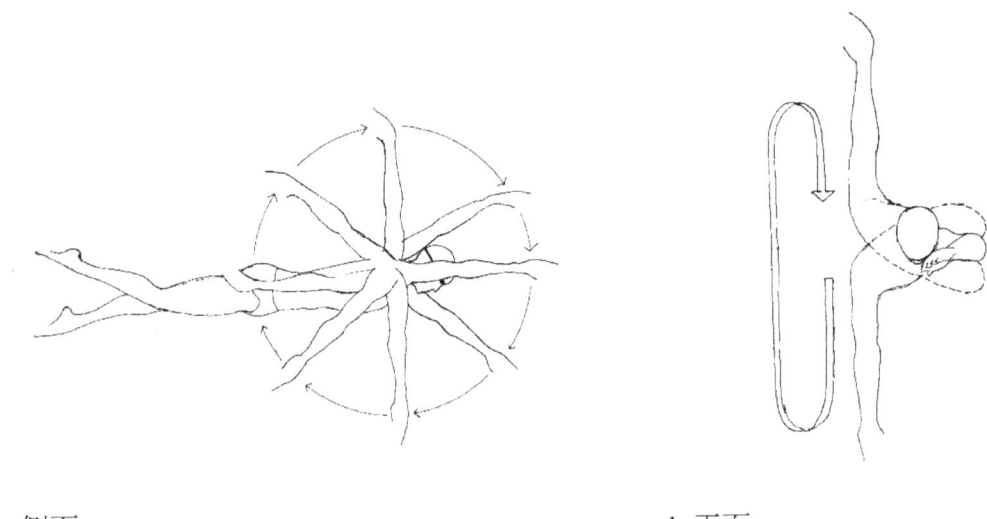

a.侧面   b.正面

图2-2 车轮式的划水姿势

这种游法有点像原始的自由泳。原始自由泳的划水动作路线是把手臂形容为桨，或轮船推进器上的叶片(The paddle-wheel theory of propulsion)。技术规格要求是手臂入水点应是肩部的延长线的最远端，入水后手臂直接向下划，直到手的拇指接触到大腿外侧，不间断向上提拉，向上方移动，然后不间断地向前方移动，整个划水动作是匀速运动。对于初级班的学生（特别是红班和篮班），要求手臂的划水和移臂始终不可以弯曲。对中级班的学生还是采取直臂的划水，但不强调水下划水一定是直臂，相对直臂就可以。对高级班的学生要求水下曲臂高肘划水，但不强调高肘也不能有严重的溜肘现象。水下的划水路线要尽量**意念**水平直线，好像近代自由泳(The propulsive drag theory of propulsion)的游法，这样有助于划长。如果此时还要求水下直臂划水的话，划水路线会偏离纵轴线，很难控制纵轴运动（图2-3）。

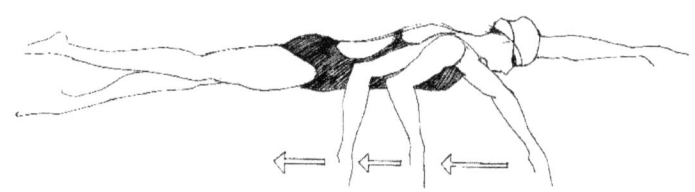

图2-3 曲臂意念水平直线划水

其实悟性好的学生不用教曲臂划水，自己在学习过程中不知不觉地就掌握了这一要领。关于移臂，直臂移臂和曲臂移臂两种都要学会，以直臂移臂的练习为主。先学会直臂移臂，在不影响划长和手入水过早的前提下，再学曲臂移臂。如果刚开始学游泳就学曲臂移臂，一则身体的肌肉不能充分伸展，二则习惯了弯曲的动作，再开始学习直臂伸展就非常困难。这里强调的是，在任何时候都尽量避免手臂横向移臂的现象出现（柔韧性极差的学生除外），以免造成身体的横向扭动。我们试想一下，只有当你是直臂的时候手的入水点和出水点是最远的，找准了手的入水点和出水点是游泳初学者的基本功。

据现代运动心理学研究表明，形成各种专项运动所需要的专门化的"**运动知觉**"，是保证运动技术质量的极为重要的因素之一。在游泳教学中，根据学生的运动知觉的能力，来判断运动空间和方位的变化。对于初学者有时候分不清楚空间上的定位，容易产生'方位错觉'和'对比错觉'等。对还没有掌握好划水技术的学生来说，对手臂动作的实际运动速度和自身姿势时空变化的感知需要有一个过程。曲臂移臂和曲臂推水，很容易使这个阶段的学生混淆划水技术，必定造成划水路线缩短与偏离纵轴线等现象，埋下一个潜在的'危险'因素，不利于划水的实效和未来巩固划水技术。**在教学中甚至还可以利用某些错觉来提高学生的某种能力，或者改善某种情绪，以利学习**。即便车轮式划水是一种古老的游泳姿势，现今已没有人使用了，但我还是沿用了这个古老的游泳姿势，也可以说是一种被认为是不正确的姿势，改善了学生**运动知觉**的能力。在我的游泳队，对一些划水路线短的队员也经常要求他们使用直臂移臂的游法，我不希望看到他们的入水点太近及划水路线过短。另外，直臂时肌肉可以充分拉开，肌肉充分伸展，可以刺激到关节深层的韧带，增强骨关节的柔韧性。肌肉韧带就好像弹簧，充分拉开才有弹力，肌肉也是一样，要充分舒张充分收缩。从小养成肌肉充分拉长是很有益处的，否则肌肉会有越游越短，肌肉也会越游变得越僵硬。

对于打腿的要求是，打腿要快，幅度不要太大。开始学游泳时，使用小幅快频打腿有利于腿部肌肉持续一定的紧张度，使之与身体连成一条直线，有利于保持身体的流线型。对于那些小幅度打腿不前进的学生应该使用大幅度打腿，采取反向教学法。

我在自由泳和仰泳的教学中最常使用的一种游法就是"联接游(catch up)"也可以称作一左一右"单臂车轮式"游法。自由泳和仰泳的联接游对初学者和12岁以下年龄组的重要性是举足轻重的。不但要练习，而且要大量地进行练习。但也有教练不太喜欢做这个练习。他们担心因手划水和呼吸是同一侧进行的，易造成向外划的错误倾向，所以很少做这个练习。的确正如那些教练担心的，不少学生在做这个练习时会出现向外划的现象，这也是由错觉造成的。因为划水和呼吸是同一侧进行的，这仅仅是因为做联接游时，由于一只手臂划水，另一只手臂保持流线型的位置，呼吸受到了限制，只能手臂划水和呼吸是同一侧，故向外划。当呼吸时，由于身体的转动，手的划水路线也随着身体的转动向外转动，即便手是在胸前划水，由于身体的转动，胸部是侧向的，手臂跟随着身体同时向外转了过去，即便教师强调手要向下划水，由于空间错觉，他们觉得手臂在胸前就是向下划水。但经过强化，当学生看到教师的手语时，则立即意识到手要向下方划，靠近身体的另一侧划水。但很多学生脱离了强化一会儿就忘了。不过后来我发现正是由于这个错觉，当他们正常地游自由泳时，手臂却没有向外划，只有在做联接游的时候手臂向外划，因此无足轻重。我觉得这仅仅是一个小的不利因素，有利因素是主要的。其实这也正是说明，手臂划水的路线是不固定的，在做某些杂游时，很难保证最佳划水路线，要想办法如何利用错觉，找出一些练习方法，提高划水的效果。

 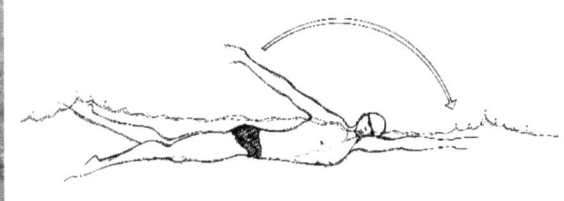

a.自由泳的联接游　（照片与图解）

 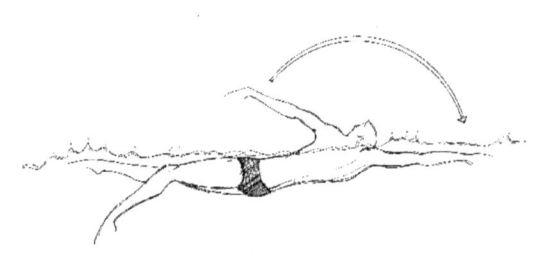

b.仰泳的联接游　（照片与图解）

图 2-4 自由泳和仰泳的联接游

那么自由泳和仰泳的联接游(catch up)都有哪些优点呢？

第一点、首先要了解，我们身体的主要部位是由骨盆部位、肋骨部位及头部组成。身体要保持一条直线，必须从臀部开始，到头部在一条直线上。在做联接游时，由于始终有一只手臂贴紧头部保持身体的流线型，这样手臂基本上可以固定头部，头部就不容易随意做环形的晃动。身体是随着头来摆动的，头就好像汽车的方向盘，头向左身体则向左，头向右则身体也向右。由于头部被固定了，脊柱也就被固定在直线上了（图2-4）。我们可以观察一下，这个练习始终保持着<u>手—头—脚</u>三点连一直线，只要手伸直了，中间这一点'头'就很容易呆在这条直线上了。三点要比两点容易保持直线，容易保持身体的流线型位置。如果只有两点，头和脚，其中头和臀部的位置不容易被固定。对初、中级的学生来说，他们需要学呼吸，而他们还不是很习惯呼吸，头特别容易左右上下摆动和跳动，造成腰部跟着扭动。一旦腰部出现了扭动现象，而且愈演愈烈，那对自由泳和仰泳来说那将意味着一种灾难。有的学生从一开始就养成了这个毛病，多年后还没能纠正过来。

第二点、有利于加强打腿的练习。因为游泳是靠着推进力在水中前进的，在这个练习中，当一只手臂完成划水后开始做移臂动作时，在移臂动作还没有完成之前另一只手臂还不能开始划水，所以必须靠加速打腿来完成推进力，或靠快速打腿控制身体平衡，使身体和下肢不至于下沉。经常做这个练习有助于提高打水的能力。

第三点、有助于固定头部和正确的呼吸姿势，便于学习两侧呼吸。

第四点、有助于固定腰部的位置，保持良好的流线型。

第五点、因为是联接游，手入水时需要触及另一只手，或和另一只手相同的位置，因此有利于入水点在肩的延长线远端和养成长划手的习惯。

第六点、单臂划水可以集中精力划水，有利于划水的加速度的练习。

第七点、在保持身体的流线型情况下，有利于提肩，提肘的练习。

总而言之，联接游对12岁以下年龄组的选手是一个很好的杂游(Drills)练习，对于自由泳还不稳定的选手来说，也是一个很好的基础练习。我在游泳教程中，特别是在初级教学班中很少做自由泳的练习，以做自由泳和仰泳的联接游(catch up)的练习为主，等待时机成熟，循序渐进地学习自由泳和仰泳，不给学生身体扭动的机会。在多年的教学实践中，证实联接游是行之有效的。

五、 游泳横轴运动的教学特点

在开始教初学者蝶泳时，首先是让学生掌握海豚式打腿，打腿的技术掌握的越熟练，划手学起来就越容易，否则动作节奏就会杂乱无章。在学习蝶泳腿时，不但要让学生掌握扶板打腿和带脚蹼打腿，更重要的是让学生学会徒手打腿和带脚蹼的流线型打腿。打水板可以支撑着手臂，有打水板的依赖性，而徒手打腿，水支撑着手臂，可以增强手臂对水的水感，同时在呼吸时，手臂多少有些下压的动作，正好可以为下一步的划水时机创造了条件。在练习中，要求学生尽量保持流线型打腿，当呼吸的时候，头部一上一下的动作，手臂也有压水的一上一下的配合动作，从而启发初学者最初步蝶泳的动作节奏，这正是为划水的初级阶段做好了准备。

待打腿的技术基本掌握后，可以开始学习蝶泳手的动作。和自由泳一样我要求学生直臂向下划。当学生手臂有一些弯曲时不必去指正他们。

蛙泳、也是先从腿开始教起。先学习扶板蛙泳腿，再学徒手流线型蛙泳腿。徒手蛙泳腿，可做俯卧式和仰卧式两种。在学习徒手流线型蛙泳腿的时候，强调蹬收腿后，一定要有一两秒钟的滑行阶段，要让学生们养成滑行的习惯。

在流线型蛙泳腿中，如能够做到，蹬收腿—滑行—呼吸，再学习初级的划手和手脚配合的节奏就有一定基础了。年龄较小的学生，在做流线型蛙泳腿的时候，为了能够抬头呼吸，手臂一定向下压水，才能够呼吸，因此，手臂随着呼吸，有节奏地压水，正是开始教划手和手脚配合的好时机。在蛙泳教学中，一定要强调，三个动作，而不是两个动作，即，划水—打腿—滑行，而不是，划水 — 打腿。

第二节 自由泳教学法

一、 自由泳教学

自由泳是游泳的基础，自由泳的入门比较容易，掌握好比较难，所以要在自由泳上下功夫，打好扎实的基础，防止走弯路。

先从自由泳打腿开始学起。一般学生稍加讲解就可以扶板打水。对个别的学生，需要在陆上做一些直腿上下快速摆动的模仿练习。或者老师在水中两手托住学生的膝关节部位，拇指按住裹窝下部和腓肠肌上部，随着打水的动作，两手做上下敲打式动作，帮助学生体会正确的打水姿势（图2-5）。使学生能够有自身的肌肉感觉，逐步形成个人完成打水的动作。

在初级阶段，要求直腿快速打水。学习自由泳腿要因人而宜，教师不能对所有的学生都要求直腿打水。有的学生直腿打水快，有的学生曲腿打水快。这是因为儿童的年龄，性别，身体各个关节的伸展程度有关（详见易犯错误与纠正方法）。有些孩子比较瘦小或体弱，腿没有力量，有些孩子太胖，踝关节柔韧性差，不能完成直腿打水，对于这类的孩子，要教他们曲腿打水。对打水原地不动的孩子，无论是直腿打腿还是曲腿打腿，或是利用辅助工具，只要找到可以前进的一种方法，对他而言就是正确的那种，采取反正教学法、灵活性教学方法。有的时候老师给学生一个指示或指点，学生自身通过一段时间练习就可以用"本体感觉"找到适合个人的方法，找到改进原地不动的打腿的原因。自由泳腿不需要太多的讲解，以少讲多练为原则。

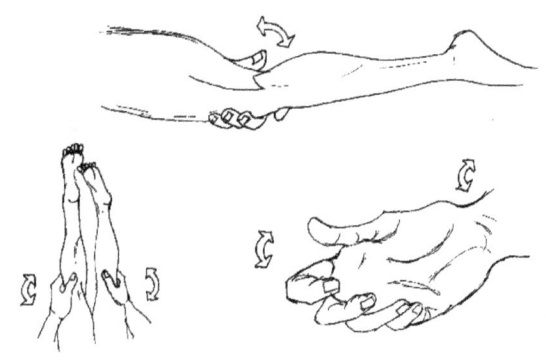

图 2-5 教师在水中帮助学生做打腿的练习的手法

学生在练习打腿时，老师要在池边走动观察学生的练习情况，随时随地能让学生看到老师的手语，能听到老师的语言，以强化指导学生的打腿动作。一来可以以直观教学的方式，通过学生的视觉，听觉提高他们的模仿能力，二来可以激励他们用力打水。教师的语气和认真态度能带动学生的积极性，使学生有一种紧迫感和认真学习的劲头，这样可以提高教学的效率。

在学自由泳打腿的同时，利用间歇的时间，手扶池壁学习呼吸，然后把呼吸带入打腿的练习中去。打腿能够轻而易举地完成50码以上，并能保持身体的流线型的情况下，可以开始学习扶打水板的自由泳联接游。对扶打水板的自由泳联接游的要求是，直臂划水和直臂空间移臂，划水和移臂的方式是，直上直下，向车轮一样（图2-6）。开始不必要求头部的位置，可以抬头练习联接游，然后在保持身体的流线型的前提下，通过完成抬头前看式呼吸，过渡到左右转头两边呼吸。划水时要求手心向下划，一直划至大腿处，拇指触及大腿外侧为止，不要侧向划水，同时强调手臂不要触及池壁与水线。呼吸时身体不得翻转过大，另外，强调划水时不得间断打腿。要求扶板时手臂伸直，有一点绷直的感觉，使学生养成"流线型"的良好习惯。手划至大腿处，是为了让学生从一开始就养成长划手的良好习惯。手向下划，是为了避免身体位置横向移动，但要防止手过中线。

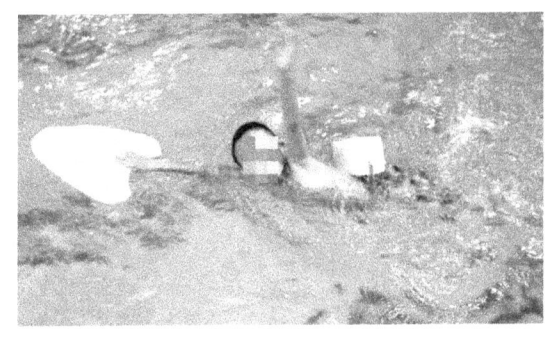

图 2-6 初级扶打水板的自由泳联接游（照片与图解）

扶打水板游一段时间，待较稳定之后，开始学习徒手联接游。对一些弱小的孩子可以从使用小浮漂或小木棒之类的辅助工具，过渡到徒手游（图 2-7）。在做这个练习时，开始强调手触手式（一手划水完毕后触及另一只手）的联接游，待学生能够较好地掌握身体的流线型之后，可以开始学习不触手的自由泳联接游。与此同时也可以开始学习"车轮式"自由泳，但还是以联接游的练习为主，以车轮式自由泳的练习为辅。

a.手持小木棒　　　　　　　　　　　b.徒手联接游

图 2-7 丛扶打水板过渡到徒手的自由泳联接游

在自由泳最初阶段，教师也可以下水指导。手把手地去教。让学生在游进中体会正确的动作，因为陆上和水里的感觉不一样，水中练习比陆上模仿练习效果更直接一些。譬如，做联接游时，教师左手牵着学生的一只手前领，右手帮助学生的另一只手臂做移臂动作，让学生手臂有充分伸展的感觉。此外使学生感觉到正确的划水路线，对"水感"的提高有一定的作用（图 2-8）。如果学生呼吸时头部抬起过高，或没有转头动作，教师可用左手牵住学生的一只手前领，使之保持流线型，右手帮助学生做转头的动作并按住学生的头部，使头贴紧臂部，帮助学生完成这一动作（图2-9）。

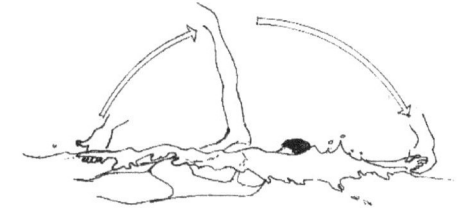 

图 2-8 教师在水中帮助学生做移臂动作.　　**图 2-9 教师帮助学生正确的头部动作**

在学习自由泳的基本动作之前，可先学习半联接游，即手臂移至肩的上方时候（移臂的一半路程），另一臂开始划水（图2-10）。这个练习类似前交叉，我觉得叫半联接游语言更儿童化，考虑儿童心理特征，不易使用太多专业用语。这种方法是从联接游过渡到正规游法的一种十分有效的手段，可以防止划水过早和一臂滞留体侧的弊病。

图 2-10 自由泳半联接游　　　　　　**图 2-11 自由泳的侧向打腿**

在自由泳教学中，要强调手入水点要远，划水路线要长，划水时，手心要对准划水的方向。至于高肘技术，在学习游泳的高级阶段时开始使用。

在进入中级阶段后，为了配合滚动式游法（身体左右转动），要做大量的侧向打腿练习（图2-11）。侧向打腿的身体位置像鱼一样，一肩沉在水下，另一肩露出水面，使身体保持侧向流线型姿势。

为了使学生掌握划水的节奏，可采取两次，最好是三次划水一次呼吸的游法。特别是闭气游，或五次划水一次呼吸的游法也很不错，不但能练习划水的节奏，还可以自我检查手是否沿着中线划水，但练习的距离不宜过长。

进入高级阶段，开始学习"S"型（曲线）划水技术。还是，先从联接游的练习开始，因为单臂划水可以集中注意力。一臂保持流线型，另一臂做"S"型划水。一来可以为以后能保持良好的流线型打下基础，二来可以集中精力练习"S"型划水。在练习中，体会"抓水"和"抛水"的感觉。特别是在高级阶段，还要做更多的高肘划水和高肘移臂的练习，使自由泳的技术得以完善。

二、 自由泳常见的易犯错误与纠正方法

打腿太散（图 2-12）

造成影响： 力量分散，易造成身体扭曲，破坏身体的流线型，影响动作节奏。

产生原因： 腿弯曲过大、腿型不理想、用力不均匀、腿抬出水面过高、打腿的频率慢。自由泳腿还没有学好就开始学习自由泳。

纠正方法： 对腿弯曲过大的学生，采用矫枉过正的方法，强调双脚并拢，直腿，小幅度快频率打腿。做陆上模仿练习。还可以利用辅助物来帮助打水，如用一条橡皮胶管，两头做两个圈套在双脚上，两圈之间的距离约为 20~30 公分以限制两腿之间的打腿距离（图 2-13）。多做打腿练习，坚持自由泳腿的基本功练习，对这样的学生先不要过多地做自由泳练习。

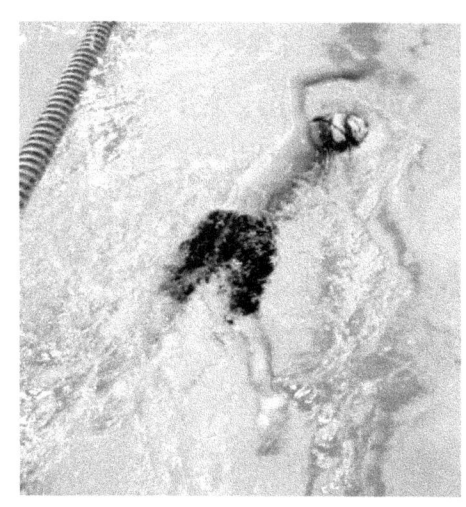 

图 2-12 自由泳打腿太散　　　　图 2-13 利用橡皮胶管限制两腿之间的打腿距离

原地打腿止步不前

造成影响： 年龄太小或体质太弱、腿弯曲过大以至于造成迎面阻力与推进力相抵消、踝关节柔韧性差，加上小幅直腿打水，推进力几乎等于零。

纠正方法： 对于年龄太小或太弱的学生，需要在腰上绑一个浮漂，以提高身体位置，减小阻力。对于腿弯曲过大的学生，要强调直腿打水。对过于直腿打水停止不前的学生，要强调曲腿打水（反正教学法）。特别是对踝关节柔韧性极差的学生，除了做踝关节柔韧性练习之外，可以用脚蹼辅助打腿，使学生有向前走的感觉，产生兴趣。另外，可以慢慢找到适合本人打腿的角度，适应这个练习之后，拿掉脚蹼，继续试着练习打腿。可以反复进行练习，原则是不管是直腿还是曲腿，只要向前移动对该学生而言就是正确的打腿姿势。

呼吸时钩脚蹬水（图 2-14）

造成影响： 影响手腿配合的节奏和打腿的实效性。

产生原因： 多数原因是先学蛙泳腿，造成钩脚习惯。踝关节柔韧性差。呼吸时节奏不正确，造成呼吸时使用蛙泳腿。呼吸时停滞打腿，同侧腿没有动作，故用蛙泳腿做一个多余的蹬踹动作，以补偿节奏。潜意识里，呼吸时试图用脚心踹水以助一臂之力，导致习惯形成。

纠正方法： 多作踝关节柔韧性的练习。错误脚可以使用脚蹼。因脚蹼较长，不容易出现蛙泳脚的现象，多使用脚蹼，可以纠正这个已经习惯的毛病。另外对长期使用一侧呼吸的学生，可让学生采用两侧呼吸的方式，以改变已经习惯的动作节奏。如果还是不能纠正过来，可以试着用另外一侧呼吸，因为只有一只脚是蛙泳脚，而另一只脚是自由泳脚，所以用自由泳脚的一侧呼吸，可能不会出现蛙泳脚，而另一只蛙泳脚由于这一侧没有呼吸可能会降低再次出现的概率。

另外，多做自由泳腿练习。在呼吸的时候强调快速小幅，高频打腿，不许使用蛙泳腿。当学生呼吸的时候，一只耳朵露出水面，可以听见老师的声音，这时老师可以用洪亮的声音"打腿！"，或以打腿的手势让学生看到，以强化学生必须使用脚背打水。

图 2-14 呼吸时钩脚蹬水

身体翻转过大（图 2-15）
造成影响： 容易改变划水路线、身体易变形，破坏身体的流线型和身体的平衡。
产生原因： 呼吸不够熟练，怕呛水。划水路线和移臂动作不正确。呼吸时头部转动过大、打腿太散。平衡能力差等。
纠正方法： 对于这类错误的学生，不要使用侧向打腿的练习，即便呼吸的时候也只做上下打腿。进行大量侧向呼吸和正确划水路线的练习。游进中强调头部侧转，眼视左侧和右侧，看水线游，不要看天花板。游进时头的转动不要偏离纵轴线。多练习快速，小幅，高频率打腿，以固定腰部以下的身体位置。特别强调划水时手不要越过身体的另一侧。移臂时，手臂不要举的太高。另外要多练习自由泳联接游(Catch-up)，一来可以加强打腿的能力，二来有利于抑制身体的翻转过大。

 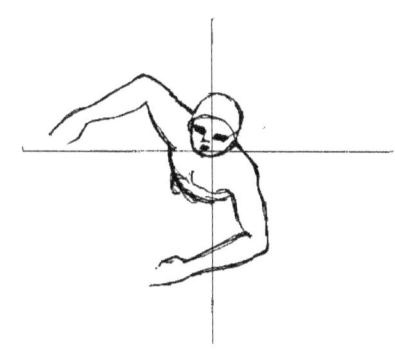

图 2-15 身体翻转过大　　　　　　　　图 2-16 手越过中线划水

手越过中线划水（图 2-16）

造成影响： 手划水的作用力脱离了纵轴线，影响划水实效，易造成身体扭动，破坏身体的流线型和身体的平衡。

产生原因： 呼吸时身体转动过大。当身体转动 80 度以上时手很难沿身体中线（重心）划水，因为当身体转过去的同时，由于注意力的转移，手臂也跟随着转了过去。有的是因为错觉，因为看不到划水的路线，感觉是在中线上划水，其实还是有区别的。S 型划水时手向内划过大，脑子里只有 S 型的形象。水感比较差。

纠正方法： 实行矫枉过正教学法，让学生感觉手臂是在中线的外侧划水，直到老师看到手是通过中线时，告诉学生手划水的位置正好，并要求学生持续这样的感觉。对于"S"型划水过大的学生，要强调较小幅度的曲线划水或直线划水。另外强调划水时，手掌要对准划水的方向，同时手指指向池底，避免手掌横着向内搂水的动作，因为手掌横着划水易过中线。手掌与池底的角度要小于 45 度（图 2-17）。还可以采取闭气游的练习，因闭气游时可以看到手的划水路线，可以自我检验手臂的位置与划水路线是否正确。另外，多做联接游的练习，因为联接游的手的入水和划水，不容易越过中线。

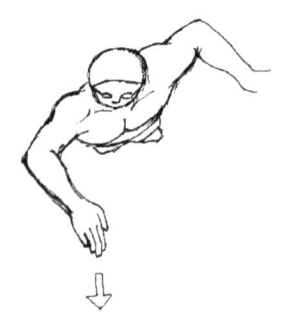 

图 2-17 划水时手指指向池底　　　　图 2-18 划水路线过短

划水路线过短（图 2-18）

造成影响： 降低水感、降低划水的实效、破坏身体的流线型。

产生原因： 手臂出水过早，省略了推水过程。划水过程中，手心向内侧转动过早，没有抓住水就开始划水，没有划水就开始推水，没有推水就开始移臂。潜意识里，想着快游，手划了一半就提肘移臂了。（划水路线长与短的问题，在教练员中也引起不少的争论。这个问题有待于在论述技术的章节中再讨论。这里我把划水路线过短作为错误动作论处，因为至少在少年儿童阶段，养成长划水的习惯，对打好自由泳的基础至关重要）。

纠正方法： 对初学者要强调手心儿对准水向后划，在拇指触及大腿部位之前，手掌不要内翻（图 2-19）。要求划水有一定的深度，脑子里想象手的路线，是直线，而不是曲线（图 2-3）。不要提早提肘，或手在出水前，不要有提肘动作。强调手入水越远越好，有个向前伸臂和顶肩的动作。另外强调加速推水。如果是初学者，划水的动作放慢，多学习水下直臂划水的练习。

有一种练习很有效，英文叫 Splash back drill（见第四章）。就是划水在加速的同时，手掌做破水而出的连贯动作（图 4-13）。但要强调向后用力划水，而不是向上用力。在完成此动作后迅速提肘移臂。

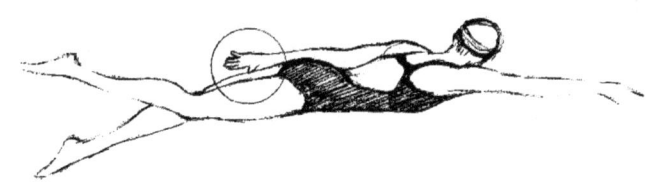

图 2-19 手掌沿着身体中线划水直到拇指触及大腿侧

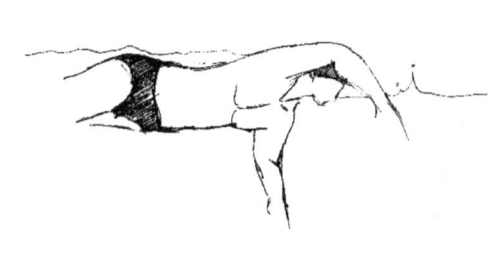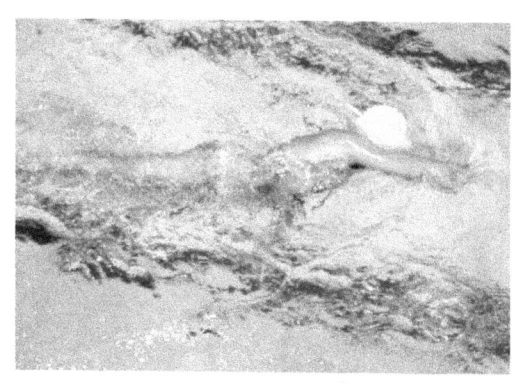

图 2-20 手入水过早 （照片与图解）

手入水过早（图 2-20）

造成影响： 手入水过早会形成手臂对水的迎面阻力。影响划水路线和划水的实效性。

产生原因： 习惯动作。对正确动作不够理解。

有的教练认为：手入水早，可立即形成抱水动作，节省时间，划水周期缩短。还有的认为：手入水动作应是提前插入水中，在水中伸展手臂。我认为对初学者不适宜，对 12 岁以下年龄组也不适宜。因为，动作习惯是长期养成的，是在不知不觉地情况下潜移默化养成的，你根本无法看到你自己游的动作。曲臂高肘固然是正确的，但是初学者和年龄组的选手做不到。往往学生的效仿和感觉是不一样的，效仿手臂弧形入水，往往变成了镰刀式切入水中。而入水点随着时间的推移会越来越近，以至于前臂会与迎面的水相撞，造成不必要的阻力。

纠正方法： 多做联接游的练习。问题严重的可以采取直臂移臂的做法，只要是直臂移臂，入水点肯定很远，而且联接游就是要求一只手触及另一只手的位置之后，另一只手方可开始划水。问题不是很严重的队员，要强调移臂时高肘，提肩，前伸时要顶肩，强调手入水时要向前够，入水点要在肩的延长线上的最远端，手臂在空中移动距离越长越有利于肩带肌群的力量和柔韧性。还可以使用划水掌游，使用划水掌时，手腕处系得紧一点，手指处系得松一点，这样一旦手掌提前入水，由于迎面阻力划水掌会立即脱落，这个练习效果比较有效。

对初学者要求直臂移臂，待巩固后再学习曲臂移臂。

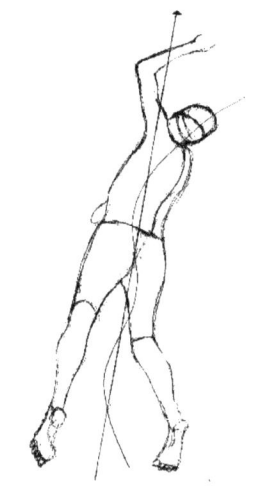

图 2-21 手入水过中线　（照片与图解）

手入水过中线（图 2-21）

造成影响： 造成身体扭动，破坏身体的流线型、影响划水实效。

产生原因： 手入水时像镰刀形状。身体左右扭动过大，或者说是手入水过中线而引起的身体扭动。头有左右摆动，或上抬的趋势。再有就是打水太散，手入水时，厥屁股，使身体不能控制在纵轴上。有的是因为柔韧性差而导致这一原因的形成。另外，还有低肘曲臂移臂，使手臂从侧面向前方划一个半圆甩出，由于用力过猛，造成身体扭曲。有的是在手臂入水时突然曲臂，手臂越过中线。还有的也许就是运动员自身的错觉所造成，有的时候感觉手没有过中线，其实不然。再有就是过早地学习 S 型划水、过早地学习曲臂移臂。还有的是核心力量较差，不能控制身体的平衡。

纠正方法： 首先，要找出出现错误的原因所在，对症下药。

实行矫枉过正原则。强调入水点在肩的延长线的外侧，直到手放正为止。多做联接游的练习，但入水时一只手不要触及另一只手，入水点仅是在肩的延长线上即可。对于打水太散的运动员，要多做打腿练习，强调两腿并拢。如果还是改不了，可使用医用听诊器的橡胶管，做成一个 8 字，套在两脚脚腕上来固定两腿打腿之间的距离（图 2-13），使身体能控制在直线上。

对于，侧向移臂的运动员，要让他们在脑海里形成一个影像 — 手臂的移动是由下而上画圆，而不是左右画圆。划水结束后，应向上提肩，提肘，提手。

注意纠正头的位置，因头是引导身体动作的'方向盘'，尽量找一些固定头部位置的杂游练习（详见第四章）。

对 S 型划水不理解的学生，可先不做曲线划水及曲臂移臂。另外要加强核心力量肌群的各种练习以求控制身体的横向扭动。

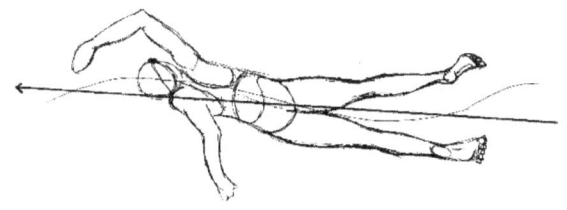

图 2-22 身体扭动 （照片与图解）

身体扭动（图 2-22）

造成影响： 增大阻力、破坏身体的流线型和身体的平衡。

产生原因： 腰控制不住腿，造成打腿节奏紊乱，打腿太散。呼吸时头部转动过大，以至于带动身体随之扭动。另外由于肩部僵硬加之手臂入水用力过猛，同时撅臀也会造成身体扭曲。水下划水路线不正确等原因都会造成身体扭动。一般犯这种错误的队员，不重视打腿的基本功训练，只注重手臂的力量，游起来臀部左右摆动，两条腿在后面左右摆动式打腿。

纠正方法： 对着镜子，做陆上正确动作模仿练习，检查腰是否有扭动，加强本体记忆。多做陆上身体平衡练习，以加强核心肌群的平衡力量，如波默训练法（文献8）。

扎实地做好打腿的基本功训练，强调上体绷直，直腿小幅快速打腿游。在游进时，手臂轻轻放入水中，强调放慢划水频率，加快打水频率，集中精力在打腿上。呼吸时头部贴紧肩部并向侧看，吐气时眼看池底。多做联接游的练习。强调身体的流线型。多做肩的柔韧性练习。可以多练习漫游快打腿的杂游（见第四章）。多做侧向流线型打腿练习，有助于改善身体扭曲毛病。

游进中身体上下跳动（图 2-23）

图 2-23 游进中身体上下跳动

造成影响： 破坏动作节奏和产生不必要的行进阻力。

产生原因： 打腿节奏性错误，忽大忽小，呼吸时出现类似蝶泳打腿，所以造成撅臀现象。还有可能是划水节奏出现了问题，或头部上下起伏过大。主要体现于，一臂过早下划，身体跟进，而另一臂划水过晚，造成手脚配合不当，破坏水对身体各部位支撑的平衡性和连续性，水对身体的支撑忽有忽无，身体有被陷进去的感觉。总而言之，发力点时而作用在纵轴上，时而又脱离了纵轴，故身体出现上下跳动的感觉，就好像汽车在不平坦的路上行驶时有颠簸的感觉一样。

纠正方法： 首先要观察学生毛病出现在哪里，然后有针对性地制定纠正方法。根据以上错误原因，关键是纠正节奏问题。有的学生在习惯的一侧呼吸时，改变打腿节奏，对这类的学生，可令其使用另一侧呼吸，改变以往呼吸的习惯，并特别强调当呼吸时用快频小幅打腿。在纠正打腿的毛病上，集中精力想着打腿的节奏，不去想划水。对打腿忽大忽小的学生，可使用辅助性教具，用医用听诊器用的橡胶管儿，做成一个8字，套在两脚脚腕上来固定两腿打腿之间的距离（图2-13），来辅助纠正打腿节奏出现的错误。

对划水节奏有问题的学生，要做大量的分解动作练习，再过渡到配合游。如：半联接游（前交叉），是一个很好的练习方法。再如：变换打腿次数练习，像8次腿，6次腿，4次腿，或不停顿打腿游，也是一个很好的练习方法（参考第四章）。

对于直臂（某一侧臂）下划过深的学生，要强调提前曲臂并高肘划水，以避免身体有被陷进去的现象。也可先从单臂划水练习开始。

头部位置过高或行进中眼视前方（图2-24）

图2-24 头部位置过高或游进中眼视前方

造成影响： 头部位置过高必然带来迎面仰角增大，头抬高1寸，腿下沉2寸（文献2），即升力增加的同时，前进的阻力也增大。破坏身体流线型姿势。

产生原因： 游进时眼视前方有两方面的原因；一是在练习时每个人跟着前一个人游，经常看前面的人离自己有多远，或老是看离池壁有多远，故养成习惯。二是下意识地怕鼻子进水，不习惯下巴贴近身体游，总是梗着脖子游泳。

纠正方法： 要求学生在游进时眼视池底，呼吸时眼看侧方向的水线。在行进中感觉是头顶顶着水游，而不是额头顶着水游。强调游进中眼看池底的直线，到离池壁不远的地方眼看池底下面的丁字线标志。如果老是仰着脖子游，特别是长距离，颈部容易疲劳。在游进中颈部应该是相对放松的，那么颈部又是头与躯干的连接部位，在游进中如果头部不能固定下来，呼吸时头总是抬起，或一会儿看下方一会儿看前方，会缓冲实体在水中前进的力量，把力量泄掉。我认为，游进时，身体位置应该和人站立时的自然身体位置一样才对，不应该是仰着脖子的（图1-11，1-12）。

打腿有间歇现象

造成影响： 不能很好地利用腿的推进力作用。破坏身体的平衡。

产生原因： 协调性差、打腿练习太少、惰性、忽视打腿在长距离中的作用。还有是因为呼吸时，改变了打腿的节奏等。

纠正方法： 众所周知，游泳是全身运动，且腿的力量大于臂力。打腿的好坏直接影响到运动成绩。不要受"臂部的作用大于腿"这一学说的影响。加强协调性练习。如跑步，各种帮助打腿的辅助性练习。如慢划水快打腿游、蛙手自腿、碟手自腿、联接游方法等等（参照第四章杂游）。游长距离时强调集中精力不间断地打腿。<u>**关键还是靠运动员自身，是否有改进打腿技术的决心**</u>。对于不能够同时做三种以上动作的学生，如，同时做划水、打腿、呼吸的学生（注意力的转移），由于神经系统的支配由打腿和划水转移到呼吸上，不能同时做出同等频率的打腿动作，减缓打腿，甚至出现短暂停顿打腿的现象，或改变划水路线等。因此，要告诉学生，在呼吸时，想着打腿，让注意力集中在打腿上，加上教师语言或手势语言上的提醒，学生应该可以做到不停顿打腿，提高他们动作的协调能力。据我观察，<u>**大多数的错误都是出在呼吸的时候。**</u>因此要特别注意呼吸时的动作变化。

第三节 仰泳教学法

一、 仰泳教学

先学习流线型打腿,有的学生有了自由泳腿的基础,一点就通。我的教学原则是"快鸟先飞"。有灵性的学生快学,学的慢的学生就一步一步来。因人而宜,不必墨守成规。如果可以直接进入流线型打腿,就一步到位。对于不能完成的学生,根据程度,采取相应的降低难度的教学步骤。

图 2-25 转移学生视线辅助学生仰泳腿

胆子小的学生开始学习仰游腿时,怕鼻子进水,肌肉紧张,特别是腹部和肩部的肌肉缩成一团,好像一只大虾。教师要下水用右手托住学生的腰部,左手扶住学生的手臂使之成为流线型姿势,然后开始打腿。待腰部和肩部肌肉放松了,克服了恐惧心理,可以令其自行打腿练习。

如果头部始终不敢仰视,可采取心理教学法,即教师可在池边,让学生仰视看着教师的手或手里的东西,教师边走边让学生打腿,学生眼睛盯着教师手中的物体,就忘记了恐惧(图 2-25)。50%以上的学生可以用一节课的时间掌握仰泳打腿的基本技术，不能完成的学生，可采用降低一个难度标准方法继续学习，不行就再降低一个难度标准，直到找到适合的方法为准。

学习仰泳打腿的关键是熟悉水性，即脸部不能怕水，脸上有水时，要学会用鼻子吐气，把快要进入鼻腔的水赶走。其次是协调性和柔韧性，熟悉水性就是一层窗户纸，一捅就破，就是解决心里障碍问题（这里讲的水性是指仰视不是俯视，此时的学生已经掌握俯视呼吸了）。协调性和柔韧性就不是那么容易解决的问题了，一半是天生的，一半要靠后天的不断练习才能得以该善。

下面介绍由难到易的快速学习仰泳打腿的教学方法：

对于不能直接用流线型打腿的学生，可采取手臂放置体侧进行打腿的练习方法（图2-26），两手在体侧有所划动。对于不敢向上看的学生，可在下巴下放一个小皮球，练习打腿。如果还不行可使用打水板，先采用举过头顶的练习方法，不行再采用双手抱住打水板，让打水板贴近腹部（图2-27）。再不行就只好借助于浮条了。方法是，将浮条放置于腰部的下面，学生两手扶住浮条的两侧，有很好的稳固性，不会出现左右翻转的现象，使腹部有所上浮，同时也可以使用打水板，初学者觉得这个方法特别好玩（图2-28）。以上的方法都不行教师就只好下水教学生学习打腿。

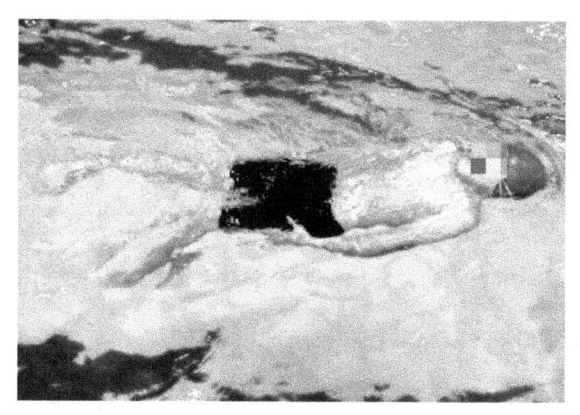

图 2-26 手臂放置体侧进行打腿的练习

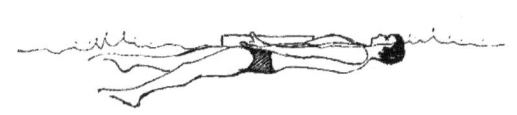
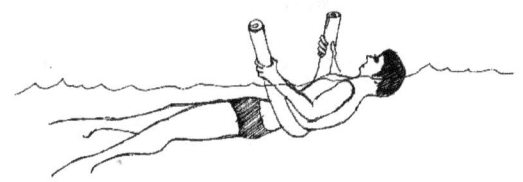

图 2-27 打水板贴紧腹部打腿　　　　图 2-28 借助浮条学习仰泳腿

　　流线型的仰泳腿可以完成 50 码以上的学生，可以开始学习划水动作。学习划水的动作，可从单臂划水开始，由单臂联接游过渡到两臂联接游，并要求直臂划水。在联接游的练习过程中，教师可以下水，辅助学生转肩。熟练掌握联接游之后，开始学习车轮式仰泳，对于特别年幼的学生，可以从一开始就做车轮式仰泳，但不要做的太多，因为这不是教学的本意，只是让学生体会一下什么是仰泳，点到为止。在学习车轮式仰泳的时候，先解决两手划水的节奏，即两手入水和出水的时间要一致，一定要防止一臂先划水，另一臂再出水的弊病。对于划水的节奏练习，可采取半联接游，强调手先出水后再划水。70%以上的学生都会有划水结束后，手臂在体侧停留的毛病，所以要特别提起重视。

　　直臂划水和良好的节奏都掌握之后，开始进一步提高划水的技术练习。一般在第五级开始学习 S 型划水。仰泳 S 型划水有一定难度，是四种姿势中最难通过的一种之一，所以我在初级教学阶段不学 S 型划水。在仰泳 S 型划水教学中，教师要设计一些手段（在后面的章节中详细说明）。另外在什么时候开始学很重要，学早了会影响整个技术动作，会破坏身体的流线型，导致养成不正确的动作习惯。学的过晚，由于习惯直臂划水了，很难习惯 S 型划水。这要看情况，有的学生水感好，再不强调直臂划水的情况下，他（她）们的手臂能抓到水，曲线划水不教自会。

在学习仰泳划水的初级阶段时，同时要求学生做背向出发的简单动作，使学生养成这个习惯。在仰泳练习时，伴随着蹬离池壁的出发练习，为以后的正规仰泳出发打下基础。在掌握了一定程度之后，可做侧向摸边发出的练习，但杜绝俯视蹬边出发的习惯。

在开始学习仰泳 S 型划水的练习之后，要强调身体在水中有延纵轴转动的动作。身体的转动在仰泳中很重要，要配合侧向打腿练习（图 2-29）。特别强调划水结束的同时，有转肩的动作，划水结束时，手应该在大腿的侧下方位，而肩部此时伴随着腰部的转动应该露出水面（图 2-30）。

在高级阶段（金班），在不断完善仰泳的技术同时，学习仰泳的出发和转身，这时的出发，除了起跳的高度，还要加上水下蝶泳腿。转身技术，可以先从在游进中练习滚翻，如 6 次手加一次滚翻，然后重复，熟练之后，再学习池边转身的完整技术。

图 2-29 仰泳的侧向打腿

图 2-30 仰泳转肩的时机

二、 仰泳常见的易犯错误与纠正方法

移臂时手臂不能保持垂直向上

造成影响： 身体易左右摆动，影响手臂入水的准确性，易破坏身体平衡。

产生原因： 柔韧性差。错觉，错误的感觉自己的手臂是垂直的，懒散。推水不够充分，或由于弧形划水（从侧向朝腿的方向划水而不停地直接出水移臂）的惯性而弧形移臂。

纠正方法： 强调推水结束后，直臂移出，手尽量向上举和向后甩出的感觉，同时身体保持笔直。对有错觉的学生，教师可用一根软条浮漂，一头置于学生的右肩前上方，当移臂至最高处，手指尖正好触及到浮漂的一端，移臂中不能停顿。然后把浮漂的一端换至左肩的位置，左右交替做同样的动作（图2-31），这样可以保证直上直下的移臂。对于弧形划水弧形移臂的现象，要强调下划要深，意念垂直下划垂直移臂，移臂时绷直手臂不得懒散。

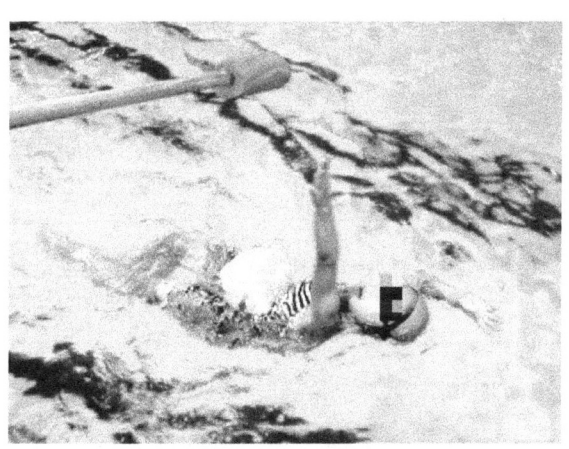

图2-31 仰泳辅助教学

头部左右转动

造成影响： 破坏身体的平衡。有时会造成身体的上下起伏。

产生原因： 习惯性动作，有的学生只是向一侧转动。还有是因为错觉，以为身体转动，头没有跟着转，其实，头也跟着转动了。有的学生在游仰泳时，左手常拉水线，拉水线时转头看，养成不良习惯。

纠正方法： 强调在游仰泳时，要目不转睛地看着天花板，或放一个东西在额头上做慢游练习，只要头一转动东西就会掉下来（图2-32），另外照着镜子做陆上模仿练习，特别强调"转肩而不转头"。

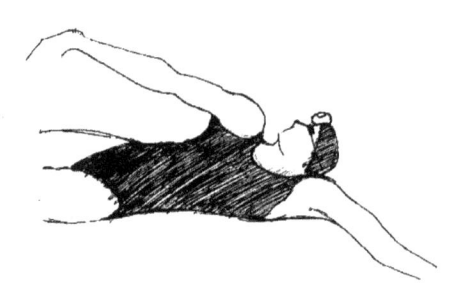

图 2-32 额头置物仰泳

身体上下跳动

造成影响： 破坏身体的平衡，破坏动作节奏，增加前进中的阻力。

产生原因： 主要是因为打腿的节奏，或划水的节奏不正确造成的。打腿时一腿弯曲过大，小腿会产生过大的迎面阻力和反向升力，使身体上浮，当腿踢出时，身体又沉下去了，引起身体上下跳动。

另外，两肩转动的幅度不同，某一侧肩转动过深，身体也跟着下沉，如果伴随着打腿的节奏错误，也会引起身体的跳动。因此手腿的节奏配合是关键。

还有一种可能，两腿用力不均匀，某一侧踢腿用力时，有收腹收胸的习惯，故使身体下沉。

纠正方法： 首先纠正打腿的姿势，打腿的幅度可以大些，但膝关节的弯曲不能过大，节奏也不能忽快忽慢。可使用限制两腿距离的工具（橡皮胶管制成），套在两脚的脚腕上，打腿时当一腿弯曲，必然会被拉直的胶管所控制，只好做近似直腿的打腿，时间长了就可以纠正过来（图2-13）。划水节奏的问题，可以采取半联接游的练习方法，游的慢一点，强调手先出水移臂，然后再划水。当学生游进时，可用语言提示法，如："出水-划水-出水-划水…"，如果不能纠正，可用一根棍子放在学生入水的手臂下面，待到另一臂出水时，再把棍子拿开方可划水（图2-33）。这种教学方法适用于大班教学。对收腹收胸的学生，要强调，挺胸拔背，用力均匀，尽可能使胸部露出水面，腹部贴近水平面，尽量不使身体重心下沉。

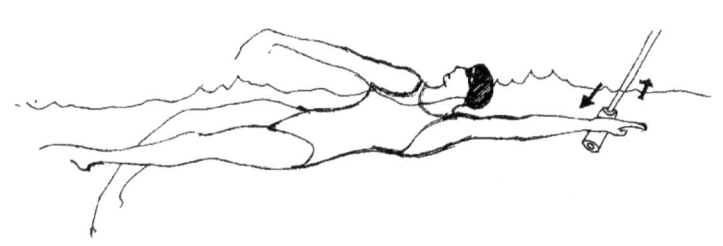

图2-33 仰泳半联接游辅助性教学

图2-34 划水结束后手臂滞留在大腿一侧　（照片与图解）

划水结束后手臂滞留在大腿一侧（图2-34）

造成影响： 破坏划水节奏和推进力的连续性。

产生原因： 手入水后，急于划水，抱水阶段用力过猛，而推水阶段无力，没有加速度，故而停顿。协调性差，两手车轮式配合不好，原因是，当手臂入水时，只想着划水，忘记了另一臂的动作。有的是从开始学游泳时就养成的习惯。

纠正方法： 多做陆上划水节奏的模仿练习，两手配合要跟得上节奏点儿。强调划水时不要太用力，要平稳，匀速，使两臂划水衔接自如，连贯，两臂放松。

对于协调性较差的学生，让学生一边游，一边看着老师的手语，或利用教学棒的转动，达到直观教学的效果。

划水节奏的问题，可以采取半联接游的练习方法（参照第四章杂游）来弥补手臂滞留现象的出现。

身体左右扭动过大（图 2-35）

图 2-35 身体左右扭动过大

造成影响： 增大迎面阻力，破坏身体的平衡和流线型。
产生原因： 由于错觉，腰背肌肉伸展过大，造成手入水越过中线，划水过深，有的人右手划到左面去了。打腿停顿，或两腿分开过大。柔韧性、协调性差。滚动式游进时，身体不能保持流线型。
纠正方法： 多练流线型打腿，侧向流线型打腿。侧向打腿主要是为了控制臀部转动时的稳定性，防止身体重心左右移动。侧向打腿可做，25 码右 25 码左，或右侧 10 次腿左侧 10 次腿，然后，当身体流线型位置稳定时逐渐减少到 8 次，6 次，4 次。到 4 次的时候就很接近正常配合游了。对于严重的学生，可先不做滚动式游法，上体放松，身体保持平稳，手臂入水不要过深，不要太贴近头部，强调快速打腿。对着镜子多做陆上模仿练习，看看自己是怎样的姿势。另外在这个阶段多练一练慢游，不要用力划水，游的距离也不要太长，25-50 码以内，体会轻松自如的感觉，待有所改进以后再练习快游。

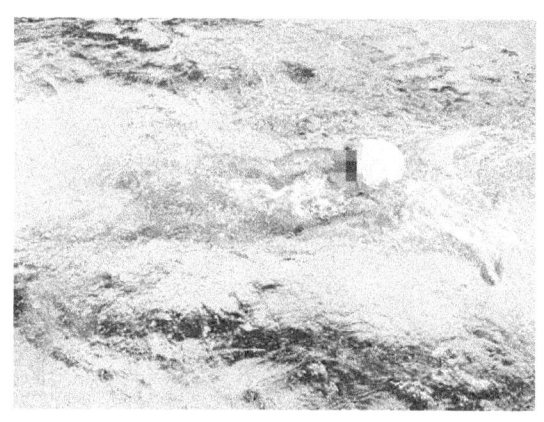

图 2-36 手划水过浅

手划水过浅（图 2-36）

造成影响： 影响划水实效，影响滚动式仰泳技术。

产生原因： 入水后急于划水，没有下划动作，省去了抱水过程。S 型划水的手臂弯曲不够，趋于直线侧向划水。

纠正方法： 强调"S"型划水在仰泳中的重要作用，在保持身体的流线型的情况下加强滚动式游进技术，只要身体转动 45 度角，手臂划水不至于过浅。手入水后继续向下切入至一定深度再曲臂做 S 型划水，划水过程中手掌不应划出水面。

多做侧向打腿练习和深划水练习（参照第四章仰泳深划水杂游），强调手入水后，手指指向池底，有意识地做较大幅度的"S"型划水。

多做单臂划水练习，一臂至于体侧，一臂做划水动作。一臂划水练习可以精神集中有利于身体的转动与划水的深度。

臀部下沉（图 2-37）

图 2-37 臀部下沉

造成影响： 破坏身体的流线型，增大背部对水的阻力。

产生原因： 初学者出现这一错误较常见。打腿方式错误，总想把腿踢出水面，加上上体不够放松，造成收颌，收腹，腹部肌肉不能充分伸展，使臀部下沉。另外，由于头部位置过高，眼睛看前上方，造成背部抬起，而臀部下沉。

纠正方法： 强调不要撅屁股打腿，对踢腿过高的学生要求他们脚不要踢出水面，挺胸拔背做小频快速打腿。对打腿差的学生来说，腿踢不出水花没有关系，多加练习会得到改善的。

游进时，眼视天花板，使背部肌肉充分伸展，且相对放松。对较高水平的学生，要意识到在游进中，胸部应露出水面，腹部应贴近水面。另外还可以做一臂上举仰泳杂游和一臂上举仰泳打腿练习，也对改进坐姿仰泳有所帮助（参照第四章杂游）。

手入水过中线

造成影响： 加长抱水路线，造成身体的扭曲。

产生原因： 手入水时手臂过于贴紧耳部，或者过于挺胸，腰背弯曲过大，当手入水时，身体已经弯曲。

纠正方法： 有一些柔韧性特别好的队员，肩部的伸展性极强，稍微有一点这样的倾向不要太在意，只要在不影响流线型的情况下，手入水过中线不是大问题，只不过入水后开始划水的前一小部分没有作用而已。如果影响到身体的流线型，就要按照以上"**身体左右扭动过大**"的纠正方法来处理了。

推水阶段无力

造成影响： 降低划水速度，影响划水实效。

产生原因： 手入水过猛，没有抱水就急于划水，不能充分做到"S"型划水，开始划水过快，必然影响加速度过程，势必造成因手入水过猛带进许多气泡，故造成划水开始部分划空的感觉，把加速划水变成减速划水了。

纠正方法： 划水过程应该是加速运动的，故完整的"S"型划水技术（入水，抱水，划水，推水）十分重要。加强完整的"S"型划水技术，手入水要轻快，不要过猛，进入抱水后逐渐加速，强调手臂向脚跟方向加速推水，好像把手中的球抛向脚跟处，与此同时伴随着转肩动作来完成，转肩动作是由腰部发力的。可先从单臂练起，逐步过渡到两臂的划水。

打腿时有蹬腿动作（图 2-38）

产生原因： 有蛙泳腿的影子，开始的时候不习惯绷脚面踢水，又不以为然，养成习惯。

纠正方法： 错误脚可以使用脚蹼，因为带着脚蹼打水不容易钩脚。多做陆上绷脚面直腿打腿练习。鼓励学生改掉蹬水动作习惯的决心。

图 2-38 打腿时有蹬腿动作

图 2-39 打腿时一腿弯曲过大

打腿时一腿弯曲过大（图 2-39）

造成影响： 影响打腿效果、打腿节奏，身体下沉。

产生原因： 协调性差。开始学仰泳腿时，怕累，不能坚持一直用直腿打水，让腿弯下来，改变一下快速的节奏休息片刻，养成了不良的习惯。有的是踝关节柔韧性较差，直腿打水不进而退或原地踏步，所以改成曲腿打水，如果节奏正确也是可以的，慢慢地可以学会，但是有养成一腿弯曲过大的打腿趋势。

还有的学生，当身体下沉的时候，用力踢一下腿，以使身体不至于下沉，养成习惯。还有的学生左右腿力量不均，一大一小，造成打腿不均匀的节拍。

纠正方法： 使用医生用的听诊器橡胶管做成的教具（图 2-13）套在两脚上来限制打腿时两腿之间的距离，不让腿弯曲过大。戴脚蹼练习也可。对踝关节柔韧性较差的学生，打腿时，不要强调一定要踢出水花。强调快速且尽量直腿打水。多做陆上模仿练习，在仰泳腿的基本功上面比别人要多花一些时间。对于两腿力量不均匀的学生可以练习单腿打腿，也可以一只脚带脚蹼练习打腿，以补偿两腿的力量的不均匀性。另外，在打腿的节奏练习上，老师可用手语或拍手来代替节奏器的作用，以强化学生的打腿节奏。

打腿时膝关节上拱像骑自行车（图 2-40）

造成影响： 影响节奏与打腿效果。

产生原因： 不理解打腿的鞭打动作道理，而是膝关节用力，认为曲腿就是打腿了，形成错误动作。原因是腿部力量差，协调性差。

纠正方法： 开始练习仰泳腿时，腿不要弯曲太大。多做陆上模仿练习，可让学生坐在板凳上做直腿打腿动作，幅度小一点，让学生踢老师的手心，体会脚面踢水的感觉（图 2-41）。

图 2-40 打腿时膝关节上拱像骑自行车

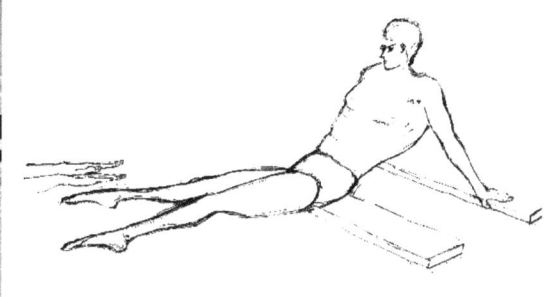
图 2-41 让学生踢老师手心的感觉

第四节　蛙泳教学法

<u>蛙泳的教学重点是，尽量加快呼吸的动作，以增加身体流线型的时间，换言之，在合理的划水和打腿的情况下，尽可能地迅速完成手和腿的动作，并还原身体的流线型姿势</u>。

一、 蛙泳教学

蛙泳教学，先从蛙泳腿开始学起。蛙泳腿一定要在自由泳腿学会不久就要开始学，因为自由泳腿是绷脚尖，蛙泳腿是钩脚尖，为了让学生很快掌握这两个概念，所以在自由泳腿学会不久就要开始学蛙泳腿，就是说在一个动作还没有定型之前，就要开始学习新的动作。不然，有些学生，待绷脚尖形成习惯了，再学蛙泳腿就会有一定的困难。但是不能先学蛙泳腿，因为许多先从蛙泳学起的学生，把蛙泳脚的习惯带到自由泳，蝶泳里去了，改起来更困难。

对有些孩子来说，学习蛙泳腿有一定的困难，主要有两个原因。一是上述所说的原因，二是体胖的学生，或腿部关节（髋，膝，踝关节）的柔韧性差的学生，学蛙泳腿有一定的困难。70%的学生通过老师的讲解和示范动作，能够较快地掌握蛙泳腿的基本要领。对于第一个原因造成的影响，稍微费点儿周折也能学会，但是第二个原因所产生的后果就真成了疑难杂症了，就非得减肥和进行柔韧性练习了。下面就介绍一些学习蛙泳腿的练习方法。

1. 陆上模仿练习。
2. 踵走练习。
3. 手扒池边水中模仿练习。
4. 坐在池边把腿放在水里做模仿练习。
5. 手扶打水板反复做双脚蹬离池壁的练习。
6. 水中倒背手深蹲跳起的练习。
7. 手扶打水板沿着池壁做蛙泳腿的练习，强调脚心要蹬到池壁，来回都沿着池壁做，这样左右都能关顾。
8. 教师在水中或陆上辅助学生做打腿练习。教师在陆上辅助学生学习蛙泳腿，目的是为了使学生感觉蛙泳腿的路线提高本体感觉。方法是让学生趴在出发台上（或凳子等），老师握住学生的脚腕，拇指按住学生的脚心，使脚呈企鹅脚的形状，然后老师按照蛙泳腿的路线，主动的引导学生做，"曲—蹬—收"动作。还有一种是教师是被动的，让学生主动蹬腿，方法同上，只是曲腿后，老师发出"蹬腿"的信号，学生开始做蹬腿的动作。同样的练习在水中进行更加有效，水中练习有水感，也比较主动。老师发出指令"曲—蹬—收"，在学生蹬腿的同时，老师给一点推力，使学生有前进的感觉，然后再把学生拉回来反复做这个动作，老师的手不离学生的脚，待学生有一点蛙泳腿的感觉了，老师顺势将学生推出，并连续发出"蹬腿"的指令，让学生自己连续做几个"曲—蹬—收"动作。这个练习要反复几次，从能做几次"曲—蹬—收"到多次，然后是25码（图2-42）。
9. 踩水练习，或立游。
10. 陆上沿着墙站立，一手扶着墙一腿做蹬墙动作，左右交替（图2-43）。

在蛙泳腿的练习中强调脚向外蹬出，向外后方画一个圆的动作，然后两腿并拢并滑行。

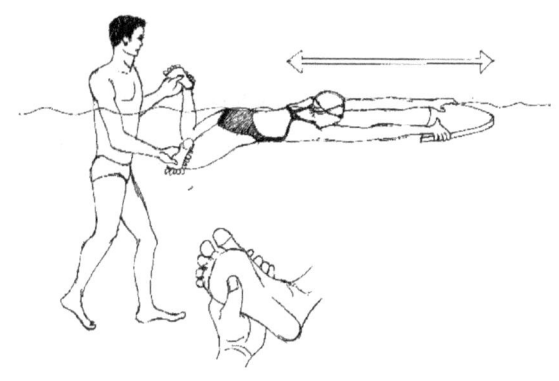 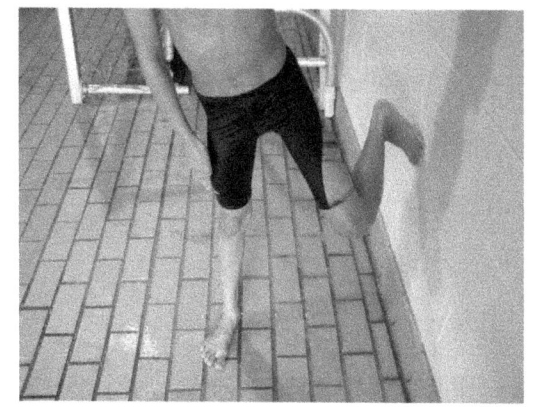

图 2-42 水中老师辅助学生做翻脚蹬水的体会　　**图 2-43　蹬墙模仿蛙泳腿的感觉**

　　扶板蛙泳腿没有问题了，下一步进行流线型蛙泳腿练习，即徒手蛙泳腿，为下一步学习蛙泳手打下基础（图 2-44）。在做徒手蛙泳腿练习时，两臂伸直成流线型，当呼吸时手臂尽量不动，对初学者手臂可以有一点向下压水的动作，但两臂不得弯曲，节奏是呼吸—打腿—呼吸—打腿。这个练习是蛙泳教学中至关重要的一步，因为对初学者来说，头抬出水面呼吸是首要的一步。那么为了头能抬出水面呼吸，初学者或年少的学生，手会划得很大很深，划的过大上体会失去支撑出现向下栽的感觉，产生身体下沉或出现撅屁股现象，划水太深就会有一个向腹部推水的动作，而在蛙泳中没有推水，只有分水、划水、挟水动作过程，所以划水太深向后推水是个犯规动作。因此，流线型蛙泳腿的练习，有助于防止以上的错误出现。

　　在掌握了流线型蛙泳腿和抬头呼吸后，可以学习蛙泳手了。为了避免出现划水过深，或推水的动作出现，开始学习小划手的练习（不刻意要求完整的划水技术），然后加大划手幅度，逐渐形成分水、划水、挟水并前冲伸展手臂的完整技术动作。

　　在学习蛙泳手腿配合的技术过程中，一般的学生没有很大的问题，对于协调性较差的学生，可能会有问题，可以找一些过渡性的练习方法。首先可以做直臂分水，直臂还原的蛙泳腿练习（图 2-45）。这个练习与流线型蛙泳腿的练习一样，区别在于两臂向外划至于肩同宽时为止，然后做蹬腿，呼吸和两臂还原的同步动作。这个动作比较单纯，把'呼吸—打腿—呼吸—打腿'的节奏配合好就可以，不需要考虑更复杂的动作，对少数协调性差的学生是一个极好的练习手段。在开始的蛙泳手的模仿练习中，教师要做陆上和水中的示范动作，然后教师要辅助学生在陆上和水中做练习。在水中的辅导练习中还能指导学生呼吸和划水的节奏。比如，教师双手抓住学生的手腕部位帮助学生做头部一上一下的呼吸和划水的配合动作。在练习的过程中贯穿着语言的强化，如"划水"，"抬头"，"蹬腿"，"手臂伸直"，"吐气"，"吸气"等等。

在完整的蛙泳技术动作的配合练习中，特别要强调三个连续动作，即，划水—打腿—滑行。特别提出的是滑行，滑行很容易被忽略。在蛙泳的初级阶段，身体的流线型十分重要，而这三个连续动作正是保持身体流线型的过程。如果忽略了滑行，学生会一味地划水，蹬腿，划水，蹬腿，很可能划水和打腿都还没有完成就进行下一个循环，其结果造成身体根本就没有形成流线型的时间。在没有完成腿部动作之前，切忌不要急于划水。另外，保持流线型身体位置滑行时，节省体能，因此，可以把蛙泳的练习的距离规定长一些，有利于巩固蛙泳的完整技术动作。

图 2-44 流线型蛙泳腿练习

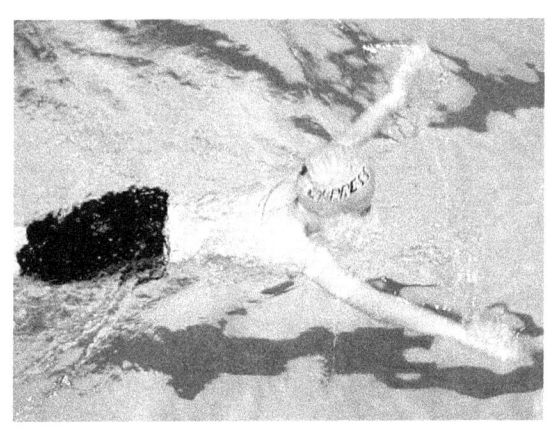
图 2-45 直臂分水直臂还原的蛙泳练习

二、 蛙泳常见的易犯错误与纠正方法

蛙泳腿没有鞭打动作（图 2-46）

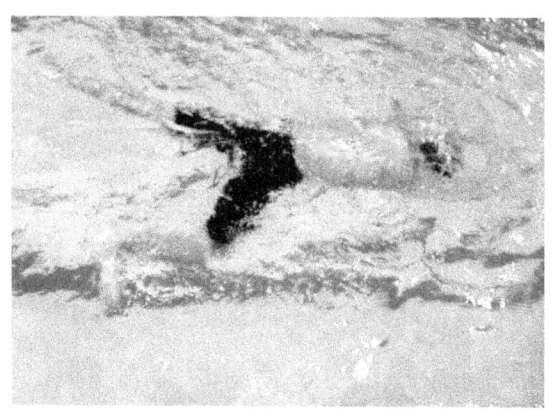

图 2-46 蛙泳腿没有鞭打动作

造成影响： 影响打腿的质量。

产生原因： 概念性错误、错觉、髋，膝，踝关节的柔韧性差等。

纠正方法： 主要的纠正方法是进行柔韧性练习。练习可以循序渐进，先从坐三块打水板蛙腿开始，然后两块，一块，直到轻松地坐在地面上为止（图 2-47）。对概念不清的学生，强调腿向侧后方画圆蹬出，在蹬出的同时，收膝翻脚，脚向外画大圆，膝关节向内划小圆，蹬腿时脚外展，结束时，膝关节有个内收的动作。

多做陆上模仿练习。蹬腿不要过宽。蹬腿要用力，一气呵成。教师用手语做蛙泳腿的动作达到直观教学的效果。

A. 平地蛙坐　　　　　　b. 垫三块板子蛙坐　　　　　　c. 垫一块板子蛙坐

图 2-47 蛙泳腿部柔韧性练习

撅屁股

造成影响： 身体上下曲动，产生不必要的阻力。

产生原因： 打腿技术上的概念性错误，曲腿时膝关节前收过大，使大腿与腹部的角度小於100度。另外有的学生会错误的认为，膝关节前收容易发力。髋，膝，踝关节的柔韧性差等原因。

纠正方法： 进行柔韧性练习和陆上模仿练习。采用矫枉过正的方法练习杂游，如，反蛙泳腿练习（图2-48），强调膝关节不要露出水面，小腿收的越紧越好，脚跟尽量靠近臀部，然后用力从两侧向后方的水平面画圆蹬出，在蹬出的同时，翻脚，感觉是用小腿的胫骨的内侧面和脚的内侧面对准水踢出。俯卧打腿练习时强调收小腿不收大腿，方法是提踵。俯卧不扶扳打腿时，两臂放置身体两侧，收小腿时手触及脚跟后再踢出，做这个练习时如果撅屁股，手一定触及不到脚跟（图2-49）。

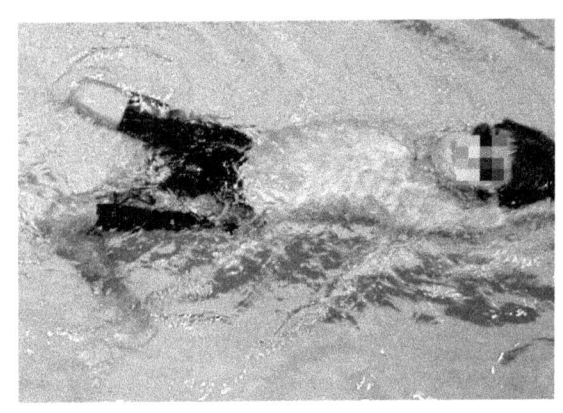

图 2-48 反蛙泳腿

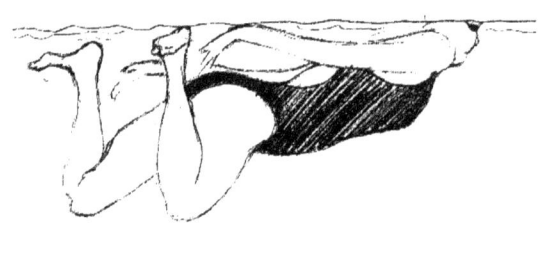

图 2-49 手触脚跟蛙泳腿

脚面打腿

产生原因： 概念性错误，根本就不知道怎样做蛙泳腿，初学者容易犯的错误。另外就是走路内八字的学生，不太容易做翻脚动作。也常有一只脚对，一只脚错的学生，可能是因为身体不平衡，容易造成这个错误动作，也有可能是因为一只脚是蛙泳腿，另一只脚是脚面打水造成了身体一高一低不在水平面上的现象，使身体失去了平衡。还有一种是踝关节太灵活了，翻脚的时候绷不住，一用力脚型又回到原来的位置。有的是属于长期做自由泳腿，已经形成绷脚面打腿的习惯。

纠正方法： 从红班或蓝班（第一级或第二级），就应该开始学习蛙泳腿，不宜过晚学习蛙泳腿。多做陆上踵走练习，注意踵走只能脚跟着地，脚尖翘起，才能体会到胫骨前肌的力量（图2-50）。还有陆上蹬墙练习、水中蛙跳练习、蹬离池壁练习。靠近池壁的一侧在练习打腿的同时用一脚的脚心（脚底）够池壁。反蛙泳腿练习也很有效果。如果这些方法达不到应有的效果，教师下水一对一手把手教学。学

图 2-50 踵走练习

生手扶打水板，教师两手握住学生的两脚，使两脚呈外翻状态，并语言提示，曲腿-蹬腿-曲腿-蹬腿，反复练习。教师开始主动帮助学生做蛙泳腿，然后只通过语言提示让学生自己做。待学生有所掌握动作要领后，教师在学生蹬腿之后，顺势推出，靠着惯性，加上教师语言提示，蹬腿-蹬腿-继续蹬腿，看一看学生自身能完成几个蹬腿动作，次数会一点一点增加的，慢慢就可以学会蛙泳腿（图2-42）。

对于一只脚是蛙泳腿，另一只脚是脚面打水的学生，有的是因为手扶打水板不正确，呼吸时头总向一侧看，故造成一肩高一肩低，破坏了身体的平衡。对这样的学生，可以采取，矫枉过正的方法，先让学生呼吸时，头向相反的方向转动，使其低的一侧肩抬高，矫正身体的平衡，并纠正脚面打水的错误动作。对身体平衡没有问题的学生，只是一只脚用脚面打水，可令其错误脚的一侧，靠近墙的一侧练习蛙泳腿，每次蹬腿一定要强调，脚心要触及池壁，有墙的时候学生可以做，是因为

心理上事先知道距离墙有多远，可以用脚趾头够到墙，这种办法很有效，一般的都可以做，但是离开了墙就不灵了，老师要考虑如何使学生建立起"墙"的条件反射。我是这样做的，用教学棒压住打水板，控制住学生与墙壁之间的距离，近了，学生肯定能做到，远了，就做不到，要控制到时而近时而远，远到差一点就可以触及池壁的距离为佳，同时语言的提示要跟上，如"蹬墙"等，总之，要建立起有墙存在的条件发射。这个练习十分有效，你会发现有时候学生差一点蹬到池避，但是没有触及到墙壁，老师看到的是学生的蛙泳腿是正确的，要及时给予鼓励。

划水后两臂前伸时不能充分伸展

造成影响： 破坏身体的流线型、增加迎面阻力、减弱划水的实效。

产生原因： 80%以上的选手都有此毛病。多数是属于懒惰，觉得伸肩太麻烦。或习惯性错误和肩关节柔韧性差等原因造成。

纠正方法： 要让学生懂得两臂充分前伸，两手并拢的重要性。多做流线型打腿练习，肩的柔韧性练习。强调两臂前伸的动作要迅速，一次到位，并保持一定距离的滑行。可做一些杂游练习，如游进时滑行3秒钟练习，两手并拢做流线型打腿（徒手）不划水练习（图2-51、2-44）。或一次手两次腿的杂游练习，因为做两次腿的时候，手臂可以保持不动。

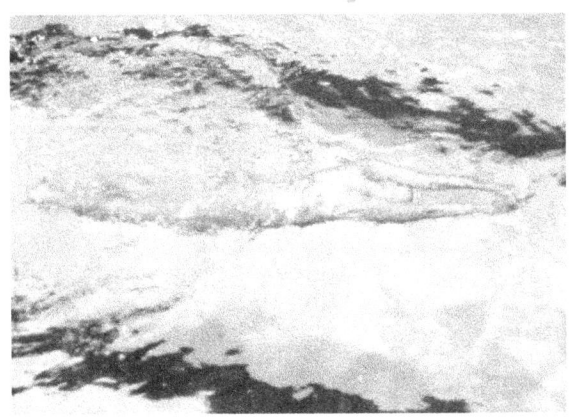

图 2-51 蛙泳的滑行

划水过大过深

造成影响： 破坏身体的平衡性，减少划水频率。

产生原因： 年龄较小的孩子，划水太深或太大，是为了头部能抬出水面呼吸而造成的。有的是纯属习惯性动作。

纠正方法： 对于年龄较小的孩子，为了抬头呼吸手划水深一点问题不大，但不要有向后推水的动作。对于呼吸的原因造成的划水过大过深，可以多练习不扶板蛙泳腿，要求两臂前伸，不得弯曲，不得分开，尽量不要有下压的动作，保持平稳。在此练习的基础上，加上一点手臂的动作，用手掌拨水（向内向外），产生一些水感，然后再加上小划手就不显得困难了。总而言之，要使学生懂得手臂的动作要在头部的前方画圆，不要在身体的下方画圆。其实越是在身体的下方划水，身体就越向下栽，就越不容易呼吸。

划水不夹肘（没有胸前抱水动作）

造成影响： 降低划水实效，增大横截面（正面面积），加大水对身体的阻力。

产生原因： 概念不清。没有掌握划水的技术要领。或是划水太大以至于两肘碰到身体两侧，故不能很好地完成夹肘和送肘的连贯性技术动作。

纠正方法： 首先让学生明白，蛙泳划水是由分水－抱水－挟肘（胸前抱水）－前送（送肘）的动作来完成的。有几种杂游可以帮助改进不挟肘的错误动作，如夹肘杂游、曲肘送肘杂游、触肘游等（见第四章杂游）。

手分水时曲肘

造成影响： 影响抱水技术。

产生原因： 不够重视水下划水技术环节，过于强调小划手技术。急于划水等。

纠正方法： 不少选手，在分水阶段有曲肘的现象出现，分水时两臂没有充分伸直和前伸，没有做好抓水的准备。纠正这个动作时，首先讲清楚外划手是直臂微曲腕，是抓水、抱水前的预备动作。其次是进行两臂的伸展性的牵引练习。也可做<u>分水杂游</u>：呼吸时，直臂向外划，直臂还原。做该杂游时，强调手臂始终伸直，不得弯曲（图2-45）。

划水没有加速度

造成影响： 降低划水实效和划水节奏。

产生原因： 开始划水阶段过快，很难把速度加上去，所以也就抱不住水了。不够重视划水技术环节和节奏感。

纠正方法： 蛙泳的节奏感很强很特殊（区别于其它三种姿势）。分水阶段速度要慢，手臂充分伸直，前伸，做好抓水的准备。然后抱水，迅速内划并一气呵成完成抱肘、送肘的划水动作。教师不仅要强调动作要领，还要用语言来强化，如，慢－快－慢－快…，并在完成腿的动作之后，有一两秒钟的滑行阶段，让动作节奏更清晰、明显化，学生才容易理解。多练习慢频率游，在慢频游中体会划水的加速度，因为滑行和分水等于休息，休息片刻力量才能爆发出来，才能更好地体现出蛙泳的技术特点。

呼吸时头抬过高

造成影响： 加大迎面仰角，身体重心可能会降低，增大阻力，加重了打腿的负荷。

产生原因： 有的选手是习惯动作，呼吸时，眼看前方。有的是因为划水过大过深，必然造成身体重心前移，呼吸困难，所以故意以高抬头换取呼吸的机会。这样必然产生身体重心会降低的动作倾向。

纠正方法： 对于年龄较小或身体弱小的儿童，不必过早地纠正他们的动作，以多练腿少练手为原则，待他们有能力时再给予指正。对较高水平的学生，强调呼吸时，头向前上顶出并收颌，眼向前下方看，不要向上或向前看，手不要划的过大或过深，以免造成错误的划水与呼吸的配合节奏。对于较高水平的运动员，可以用一个网球或一个小皮球，夹在颈前（颌下）练习蛙泳，但不宜练得过多，以免造成伤痛。

游进时眼一直视前方

造成影响： 加大水对人体的迎面阻力，破坏身体的流线型。

产生原因： 有的学生眼总是盯着前面的人游或总看离池壁还有多少距离。有的是因为低头游会呛水，不习惯。

纠正方法： 养成的习惯比较难改。滑行或打腿时，强调眼看池底，同时要求滑行时或完成划水后，要求头部一定放在两臂的下面，两臂夹紧头部，呈流线型姿势。当然有的人认为，眼看前下方是正确的，应该额头顶着水游。但为了矫枉过正，打腿和滑行时，强调眼看池底。多练流线型滑行技术。在练习的过程中要不辞辛苦。教师要常用语言强化他们，当呼吸时教师在池边喊"低头！"，或是用手势告诉他们低头，眼看池底，尽量不给他们出现错误动作的机会。

打腿完成后不能并拢
造成影响： 产生涡流，增加托拽阻力，破坏流线型。
产生原因： 习惯动作。很多学生都有这个毛病。有的原因是体形的问题，太胖了腿夹不住。有的是因为着急，一个打腿的动作还没完成又进行下一个打腿。
纠正方法： 多练流线型滑行技术。在蛙泳教学过程中，不要让学生只有划水—打腿两个动作概念，应该是划水—打腿—滑行三个动作，这样就有机会让他们更好地学习两腿并拢了。在滑行中，强调两腿和两手都不要分开。另外，在练习打腿时，要强调鞭打动作，打腿要充分有力，收、蹬、翻、并腿一次到位。

划水时呼吸过晚
造成影响： 影响划水节奏，增加迎面阻力，破坏流线型。
产生原因： 对技术动作节奏理解不足。手划的过宽过大。协调性差。
纠正方法： 重点是纠正节奏问题。可使用抬头式蛙泳练习，使学生习惯手一开始划水的时候头就是呼吸的姿势。在连贯的技术动作环节中，强调手动头动的要领，就是说，手一开始划动，头就应该开始抬起。如果呼吸过晚，当滑行时两手必然停留在胸前，造成迎面阻力，这是极其不利的因素。另外一个很重要的是，要让学生懂得，蛙泳手臂划水的开始和结束的位置是一样的，就是流线型姿势，从手开始划动到结束，是一个不间断的整体动作。

协调性差的学生，可做陆上练习，教师握住学生的手呈流线型姿势，当教师分开学生的手的同时提示"抬头"或"呼吸"，使之两个动作同步进行，也可让学生自己做，教师在一旁提示。

两臂夹水后滞留于胸前（图 2-52）

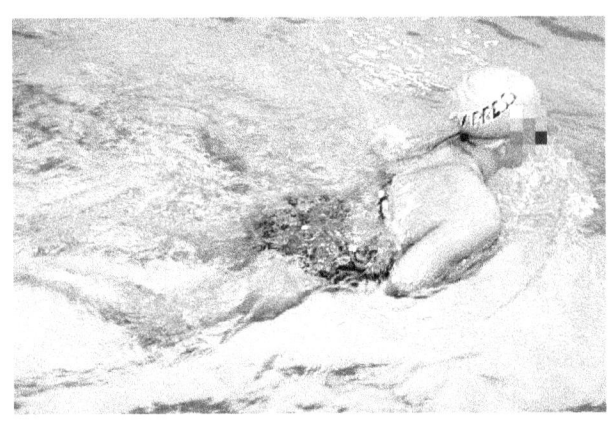

图 2-52　两臂夹水后滞留于胸前

造成影响：　影响划水节奏，增加迎面阻力，破坏流线型。

产生原因：　对技术动作节奏理解不足。呼吸时间过长，累的时候也容易犯这个错误。

纠正方法：　让学生正确领会划水的技术动作过程。这里强调的是任何一个姿势包括碟、仰、自，它们的划水过程是加速运动。那么划水结束时正是手臂移动最快的时候，靠着惯性手臂不应该停顿，紧接着是移臂动作，蛙泳也不例外。

　　可以练习抬头游，手臂不要在胸前停顿。还可使用超短呼吸练习法，就是利用爆破式吐气法（这样可以尽量把气都吐出来，使肺部和腹腔没有气体空间，故一张嘴，空气自动一下子就进入肺部），呼吸的时间越短越好。

没有滑行阶段

造成影响：　破坏动作节奏，体能消耗大而没有达到应有的效果。

产生原因：　没有流线型的概念，只有划水，打腿的概念，没有滑行的概念。动作频率过快。

纠正方法：　不要太急于追求频率，要先考虑到动作的完整性。滑行在蛙泳中是经济地使用能量代谢，而且滑行之后，更有利于划水的爆发动作。而自由泳和仰泳，由于左右臂交替划水，左用力右休息，可以节省体能，所以两臂像车轮一样不停地划水，而蛙泳是两臂同时划水，只有在滑行或分水时才能得到休息调整体能，而在较长的距离中用于滑行技术来节省体能更为适宜。当然要因人而异，有的人的技术风格就是高频率，这要看当时的具体情况分析，不能一概而论。但对学习蛙泳的学生，一定要学会滑行。

纠正方法可以采取流线型打腿练习及一次划手两次腿的杂游练习，以用第二次腿来代替滑行，这样，从节奏上也是 1－2－3 即划水 — 打腿 — 滑行。

滑行时身体位置过深

造成影响： 上下起伏过大，影响平稳的技术风格。

产生原因： 有的学生理解成，滑行应该在水下完成的。有的是过于强调蝶式蛙泳的技术风格。还有的是因为头低的太低。

纠正方法： 一般来说（特别是对学习过程的学生），蛙泳应该是求平稳的技术风格，腰腹力量和柔韧性好的运动员可以做上伏大下伏小的游法，向上起伏时，腰背呈弓形，这样手臂向前冲时有利于发力，所以上起伏大有利。但手臂向前冲时不应向下，更不应该过深，这样可以保持平稳的技术风格。蝶泳好的人，腰腹力量一定好，可以做身体像海豚式的上下起伏，但手臂向前下方冲的时候一定要保持身体的流线型，接近出发台出发入水的动作，但手臂入水后不要继续下滑，手臂要向前上方伸展，这样就会减少阻力。

纠正时，要强调手臂前伸一定要沿水平面前伸，打腿时不要撅屁股，保持头、背、臀在一条直线上。

可以做一些杂游练习，如：手臂拉锯式打腿（见第四章杂游）、水平面流线型打腿、一次手两次腿的练习等等。

对于头低的太低的学生，为了矫枉过正，可以根据情节，改变眼睛看的方向，如看前下方，或前方。总之，呼吸后身体不能吃水太深，以免影响身体重心上下移动过大。

蛙泳腿结束后两脚的上方有涡旋

造成影响： 身后的涡旋必然增加托拽阻力，破环身体的流线型。

产生原因： 错误原因一般有两种。第一种、打腿结束后，两腿不能绷直，同时小腿上抬，与迎面流动的水相撞，造成涡旋。有的是因为没有滑行阶段，急于划水，当呼吸时，小腿突然上弹，造成一团水向上泛起，造成托拽阻力。第二种、蛙泳腿结束后，小腿上弹，紧接着又做一个不十分明显的蝶泳腿，这是一个习惯动作，也是一个犯规动作。

纠正方法： 多做正确的蛙泳腿练习，强调打腿结束后，不要急于收腿，两腿绷直，滑行两到三秒钟，可以改正蛙泳腿后小腿反弹的习惯。最好的蛙泳腿的练习方法是流线型蛙泳腿，就是徒手蛙泳腿练习，要求两臂伸直，顶肩，抬头呼吸时，两腿绷直先不要急于弯曲。还可以采取矫枉过正的方法，使划水与打腿之间有短暂的停留时间，确定划水结束手臂已成为流线型姿势之后，再做腿的动作。

在蛙泳腿的练习中，改掉了旧有的习惯后，可以练习手腿配合游。开始练习时，可以把划手、打腿、滑行这三个动作明显地分解开来，就是说，划水结束后再打腿，然后滑行一至三秒钟，强调划水的时候，两腿绷直，抬头呼吸的时候，两腿压住水，待头部进入水中再开始打腿。

还可以只做蛙泳划水练习，划水时，两腿绷直不要有任何多余的动作。

第五节 蝶泳教学法

蝶泳是横轴的运动。蝶泳的教学重点是"海豚式"——身体有节奏地上下波浪起伏，使身体的重心在横轴上，或越过横轴。好的蝶泳运动员，游起来，像似海豚随波起伏的动作，轻松自如。

一、 蝶泳教学

自由泳和仰泳腿基本掌握后开始学蝶泳腿，也可以与蛙泳腿同时进行。这样由于有一定的自由泳和仰泳腿的基础，水到渠成，大部分学生很快就可以学会蝶泳腿。少部分学生打腿时，由于腿过于直或过于弯曲，有原地打腿不前进的现象。为了矫枉过正，对于腿过于直的学生，要强调曲腿打腿，反之，则要强调直腿打腿，这样的学生经过几次练习之后，也能较快地掌握蝶泳腿。另有极少数的学生，由于柔韧性和协调性较差，还有蛙泳腿钩脚的习惯，以及理解能力的问题等等，学习起来比较困难。对于一些难改的动作在易犯错误与纠正方法里详细说明。

蝶泳腿基本学会之后，使用脚蹼做俯卧式、仰卧式蝶泳腿练习。在练习中，强调提臀，做仰卧式蝶泳腿的时候，意念把水踢出水面的感觉。蝶泳腿是由腰腹发力带动大腿、小腿、直到脚尖的鞭打动作。教学中，教师以语言提示，加上手势语言的教学方法极为有效。

在学习划水时可先从单臂学起，也可从两臂划水动作学起。单臂蝶泳用来学习如何模仿海豚的上下起伏的动作。但对初学者，特别是年龄小或弱小者有一定的难度。所以可以先从双臂学起，或暂时先不学蝶泳。双臂的难度更大，但不要要求过高，只要照猫画虎把动作画下来就行，了解什么是蝶泳就可以了。当然开始学的时候借助脚蹼来进行练习比较容易学。随着游泳的能力不断提高，难度也不断地加大。单双臂可以交替地进行教学，反复练习，提高"海豚式"— 身体有节奏地上下波浪起伏的能力。

至于单臂的教学手段是多样化的，在游泳的技能技巧章节中详细介绍。但一般来说，在单臂教学中，我较多地采用侧向呼吸练习方法。因为侧向呼吸，学生可以看到老师的手势语言，以强化学生的身体像海豚一样地上下起伏姿势和直臂移臂等正确的动作姿势。在单臂教学中，强调两次打腿。在双臂教学中，开始可以采用三次或多次打腿，但是要强调，快速而不间断地打腿，逐步过渡到两次打腿。

在划水练习中，强调划水时呼吸，移臂时低头，头部作为引导，带动身体一上一下有节奏的动作。对于时间差掌握不好的学生，采取反正教学法。如对低头过早，肩关节柔韧性差，两臂不能一次移臂到位的学生，要让学生抬头游蝶泳。对于不低头游的学生，要强调低头同时移臂，或进行低头不闭气游的练习。在移臂中，对于曲臂的学生，强调手臂出水不要过高，完成推水动作之后，手心应该向上不应向下，移臂时尽量保持掌心向上的位置移臂。因掌心向上，臂成外旋，因此当移臂时肘关节可以相对锁住，保持直臂移臂的效果。这仅仅是直臂移臂的教学方法，至于今后蝶泳运动员采用直臂还是曲臂移臂，根据个人的特点而定。对手臂不能充分前伸的学生，教师可用教学棍，一头绑上软浮条，放在学生能够得着的地方，学生游老师在池边跟着学生走，吸引学生手向前够，这样学生的手就逐渐能够前伸了，效果甚佳（图 2-53）。

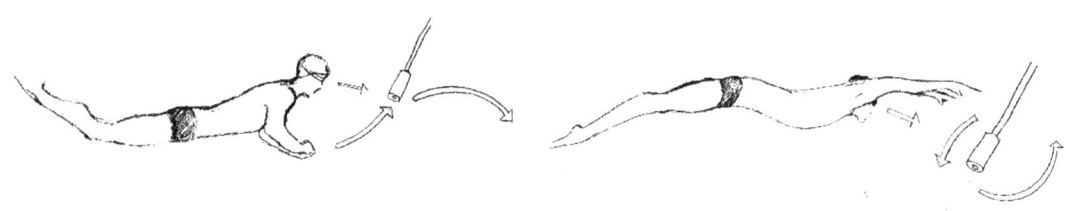

图 2-53 蝶泳辅助性教学

另外，在蝶泳教学中可以把水下俯卧，仰卧蝶泳腿的练习动作加入教学，既可以提高打腿的质量，也可为仰泳，蝶泳的出发打下良好的基础。

二、 蝶泳常见的易犯错误与纠正方法

<u>移臂时手臂不能伸直</u>

造成影响： 影响入水的远度和划水的距离。

产生原因： 有的是技术风格的不同。有的是对技术动作概念不清，受自由泳的影响所至。有的是肩部柔韧性较差。动作节奏不正确。

纠正方法： 初学者多见，因为初学者的肩和手臂动作较僵硬，肌肉还不懂得如何放松，有的连手指都是弯曲的，好像攥着拳头游泳。这是一个连锁反应，当手臂肌肉紧张时，手臂上的各个关节部位都会出现弯曲的可能，因此，手指弯曲导致手臂必然弯曲。我们经常看到，有的学生游蝶泳时，一手臂直，一手臂曲，而曲臂的手型是半握拳。纠正时，只要告诉学生把五指张开，不论是划水还是移臂，始终保持五指张开，这样做手臂一般能够伸直。

在概念上要让学生明白，手臂不是从后向前提拉，而是从身体的两侧，由后向前画一个大圆圈。方法可以采取直观和陆上示范教学。老师握住学生的手臂，帮助他们做侧向移臂的动作，使学生产生直臂牵引的本体感觉，然后学生自己做。有的学生因为力量或柔韧性较差，太规范化的动作做不出来，这样只能在动作节奏没有大问题的前提下慢慢来。有的学生是由于动作节奏不正确，头低下去后，手臂还没有到位，再由于肩部的柔韧性较差，手臂必须弯曲才能移臂。首先确定打腿是否有问题，如果没问题就要解决动作节奏，要求手臂开始划水的同时抬头，推水、呼吸与打腿三个动作同一时间完成，移臂时低头，这样可以避免头低下去过早的现象。对于这类的学生还可以做抬头式蝶泳练习，做这个练习时，头可以稍微有一点动作，但头始终不低下去，比较容易做直臂移臂，可以矫正臂弯曲的问题。

另外，有的学生还有一种错觉，觉得手臂和自由泳一样，是从后由上而下移臂，造成身体跃出水面较高，开始移臂时手臂还是直的，移到一半时肘部弯曲入水。要让学生意识到，两臂应该是从身体的两侧向前沿着水平面直臂移臂。强调手臂出水不能过高。为了矫枉过正，可以让学生在移臂时手臂擦着水面前移，手臂不得高出水面，手臂也不得弯曲。还可以要求移臂结束后两臂触及头部，因为手臂弯曲不可能触及头部，必须是直臂才可以做到。

水下划水太宽

造成影响： 发力点没有通过身体重心，影响划水实效。

产生原因： 多数少年选手划水都过宽。S 型划水过大，手臂无力，抱不住水，手向两侧划水。

纠正方法： 多练小 S 型划水。对于严重者要多练直线划水，只做下划不做外划，不做 S 型划水。强调两臂抱水时像宝石状（菱形），这样力量不至于分散。多做徒手练习。有的学生悟性差，改不过来，可以做合手蝶泳练习，就是划水时，两手合拢下划，划水越深越好，两手臂尽量划至腹部再分开，这样可以改正宽划手的习惯（参见第四章杂游）。

头抬得过高

造成影响： 身体重心降低，破坏流线型技术和海豚式曲线流程，并增加迎面阻力。

产生原因： 初学者对呼吸不够熟练、肩部柔韧性差、蝶泳腿的工夫不足，臀部不能碟出水面、眼视手入水的位置。

纠正方法： 强调头先入水，而且是头顶顶着水的感觉，如果还是做不到，至少能够做到头和手同时入水。另外强调入水时眼看下方。多练吐气游，就是多次划手一次吸气，或两次吐气一次吸气游。另外多做陆上徒手练习，注意手臂移臂后，应充分伸展停留在耳后侧，即后脑勺的两侧（图 2-54）。还可以试用一个小皮球挟在项下游蝶泳。多做柔韧性练习。多在蝶泳腿上下功夫，多用脚蹼打腿练习，打腿时，强调提臀，保持身体重心较高的位置。

图 2-54 头入水即手臂跟进并置于后脑勺部位

头晚于手臂入水

造成影响： 破坏流线型技术和海豚式曲线流程的节奏，并增加迎面阻力。

产生原因： 主要是呼吸过晚，吸气时间过长、节奏性错误。肩部和腰部的柔韧性较差，划水周期太短，两拍并作一拍就完成了划水，而头部的动作还是两拍，故头晚于手臂入水。

纠正方法： 首先让学生明确蝶泳的动作节奏。正确的动作节奏应该是，手臂开始划水时头应开始抬起做吸气的准备，抱水阶段开始吸气，推水结束时呼吸也应该结束。头的顶部入水时，两臂跟进做移臂动作。如果没有按照这样的节奏进行，比如划水结束后才开始呼吸，那必然造成移臂后头才跟进。

较好的练习方法是流线型打腿练习（徒手），要求手臂下压时呼吸（图2-55），与游蝶泳时的节奏相吻合。多做肩和腰腹部柔韧性的练习。打腿时强调提臀，特别强调推水、呼吸与打腿三个动作同时完成，这样有助于提高蝶泳的节奏感。另外多做陆上徒手练习。练习单臂蝶泳，单臂蝶泳要求头入水后手臂跟进，同时提臀压肩。

纠正方法可以采用徒手陆上一次性完整的技术模仿练习，要求两臂不得在体侧停留，同时注意呼吸的节奏。方法可以采用，老师拉住学生的手臂，在移动手臂的同时，提示"抬头"，向前移臂时，提示"低头"，反复做，然后让学生在墙上自己做，老师只在旁边以语言提示（图2-58）。

图 2-55 直臂压水抬头呼吸蝶泳腿

打腿的间隔一短一长

造成影响： 动作不协调，破坏整体动作的连贯性、影响划水频率。

产生原因： 不知道如何掌握一次手两次腿的打腿的时间差，故出现打腿节奏性错误，不知道手脚如何配合。

纠正方法： 两次打腿之间的间隔时间应该一样，不应该一短一长。大部分学生只做打腿练习的时候没有任何问题，加上划水就会出现手入水的同时做一次打腿，然后手刚开始外划紧接着又做第二次打腿，在划水和推水的过程中并没有打腿。所以从整体上看，没有动作的连贯性。在蝶泳中最重要的一点就是身体像海豚那样一上一下，上下时间均等，且不间断地连贯动作。那么纠正这个动作，就是手腿协调配合的问题。首先在多练习各种方式的蝶泳腿并确定单做打腿没有大问题的前提下，着重解决整体动作的配合。我先选择流线型打腿（徒手俯卧）练习，开始让学生做三次腿一次呼吸，呼吸是在第三次打腿的同一时间进行，必须确定是在同一个拍节上，不得有半拍的差别，而且三次打腿间隔时间必需一样。然后采取同样的方法，练习两次腿一次呼吸，但呼吸时两臂下压水动作要明显，好像是在划水。这个练习一定要做的很熟练之后，加上划水就形成完整的蝶泳动作节奏了。纠正这个动作一定注意要由慢到快，动作放慢的时候不一定连贯，但是，是一个拍节一个拍节地去做，熟练之后加快拍节。

划水结束后手臂滞留在大腿两侧

造成影响： 破坏划水节奏，影响划水的实效。

产生原因： 手臂滞留在身体的两侧等待呼吸结束。也有划水结束后手掌外翻曲臂移臂需要时间，故手臂滞留在腿的两侧。没有很好地理解划水和移臂是一个连贯性的动作周期。

纠正方法： 首先让学生理解划水周期应该是，划水开始和结束时的手臂都是流线型位置，划水和移臂的中途不能有任何停顿，手臂更不能置于体侧等着呼吸。强调划水的加速度，手划至大腿处，迅速完成移臂。让学生学习"画圆"的动作，顺利地画一个圆圈，应该起始点一致。强调手臂开始和结束是同一个位置。从流线型的位置，开始画圆，画圆的中途不可停滞，并且迅速完成画圆，完成后停1～3秒钟，再画圆，这样比较明显地区分，什么时候动，什么时候停，当手臂停滞于流线型位置后先不要动，继续打腿，可做两次以上的多次打腿，可以改进手臂滞留体侧的习惯动作。

打腿时两腿不能并拢或两腿一高一低

造成影响： 这是一个犯规动作。

产生原因： 协调性差，常出现伴杂着自由泳腿的动作。打腿时过于着急。

纠正方法： 要让学生掌握打腿的节奏，要一拍一拍地打腿。严重者或两腿不能并拢者用松紧带把两腿固定住练习打腿，有改进后再把松紧带拿掉（对初学者要考虑安全性，不熟悉水性的不适宜这个练习）。

划水路线过短（图2-56）

图2-56 划水路线过短

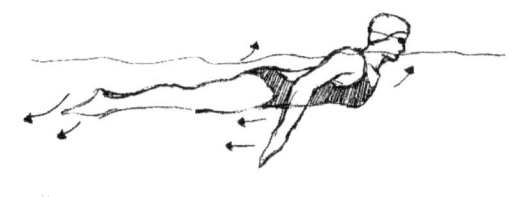

图2-57 推水杂游

造成影响： 影响划水实效

产生原因： 急于提高划水频率，没有推水动作阶段。臂的力量差。

纠正方法： 在划水技术过程中，强调移臂后，手入水点越远越好，推水要用力并在推水结束后手臂应该伸直，待完整的划水动作结束后，再进行下一个划水动作，不要单纯地追求快频率。另外可以做一个推水杂游练习 — 俯卧打腿时，手臂在推水的位置每当第三次打腿的同时，用力做一次推水的动作并呼吸，然后紧接着下一个循环动作，中间不要停顿打腿（图 2-57、图 4-55）。

手入水后手臂入水太深而不能停留在头部以上的水平面位置（入水后不能保持最佳身体位置）

造成影响： 增加迎面阻力，减弱划水实效，破坏身体的流线型位置。

产生原因： 柔韧性差，做不到流线型姿势。手臂插入水中，急于划水，或呼吸和划水的配合不佳。

纠正方法： 首先强调移臂时手臂不能弯曲，并强调手向前够，入水点越远越好。手臂不要插入或劈入水中，而是轻松地把手臂放入水中的感觉。手入水后，先抱水后划水。多做陆上模仿练习和肩的柔韧性练习。做陆上模仿练习时，可利用和本人腰部高矮差不多的窗台或肋木一起做（图 2-58），手臂还原后两手搭在窗台或肋木上片刻，并做两肩下振的动作，以阻止手向下切入和手臂弯曲，此时头部向下振动使肩部得到相应的牵引，即练习了肩部的柔韧性又能感觉到手臂入水时应有的位置。也可以做三次打腿配合游，因前两次打腿时不需要划水。还可以做流线型打腿练习，即打腿时手臂不能弯曲，一般能做流线型打腿的学生这个错误动作可以很快改正。

 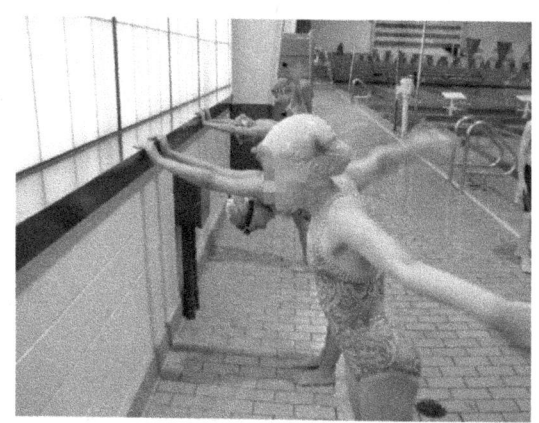

图 2-58 利用窗台练习蝶泳手

打腿时两腿过直、过曲或钩脚打腿

造成影响： 打水时腿过直，而不能产生应有的推动力，腿弯曲过大，即不能产生推进力，又增加了前进中的阻力。

产生原因： 钩脚打腿的原因，一是踝关节的柔韧性差，二是小腿肌肉过于紧张。而打腿过直或过曲。对动作的领会不正确，协调性差，腰腹力量差。

纠正方法： 加强俯卧和仰卧蝶泳腿的练习。强调蝶泳打腿是从腰部发力，模仿海豚的动作。对于钩脚打腿的学生，除了多做踝关节的柔韧性之外，要经常穿脚蹼练习蝶泳腿。另外，对于打腿过直或过曲的学生，也要因人而异，只要打腿不是原地不动就可以。教学可以采取矫枉过正的方法，如：对于打腿过直的人要求他们曲腿打腿，而对于打腿过曲的人则要求他们直腿打腿，这样效果更好一些。

第六节　心理学教学

在这一节中主要讲述通过运用**心理学，教育学**方面的一些知识来指导游泳学，使教学方法更加合理化，可以提高教学质量，缩短教学时间，达到事半功倍的效果。由于不同年龄阶段的儿童表现出不同的感知觉水平，对客观事物的思维能力也有限，有时还会给他们造成一定程度上的错觉产生，起到相反的作用。在掌握运动技能方面，少年儿童也存在着差异。教师和教练员要运用心理学和教育学方面的知识，以便在遇到各种问题出现的时候可以选择合理的指导方法。

一、　心理学在游泳教学中的运用

心理学是研究心理现象的一门科学。掌握好儿童心理规律对游泳教学和训练工作有一定的指导作用。心理学还可以帮助教师传授运动知识与提供引导的方式方法。它在游泳教学中举足轻重，它与提高教学质量，不误导学生走弯路起到一个非常重要的作用。

我的游泳班大多数学生的年龄是6-12岁，这一年龄层在心理学被划为"**儿童期**"。儿童由于其生理发展的规律，还处于被动地感知客观事物，感知觉往往模糊、粗糙、片面和带有偶然性、随意性和不精确性。他们只是感知事物的表面特征，还不能由表及里、去伪存真、去粗取精，抓住事物的本质特征，精确、细致、深刻地去感知事物。特别是6-9岁的儿童，他们的骨化过程尚未完成，动作灵活性、准确性较差，所以他们在学习游泳技术动作时，不可能达到精确，常伴有多余动作。这一时期的儿童的思维以形象思维为主，并带有依赖性和模仿性。根据儿童期的心理特点在教学上主要采取**直观教学**和**生动且形象的动作示范**。以基础动作为依据把复杂的动作简单化，找到适合于不同等级学生的教学内容，由易到难、循序渐进地提高学生掌握运动技能。

在**直观性教学**中，教师要运用多种形式的示范，如突出动作主要特点示范、慢动作示范，带有不同表情的示范，结合讲解的示范，整体示范与不同位置和不同部位的分解示范，使学生获得多层次的视觉信息，帮助学生对动作技术进行清晰准确地扑捉到空间定位的**运动感知觉**，尽量不使示范动作造成错觉的混淆。在学生做游泳练习的行进中的直观示范也很重要，此时的学生已经有了动作表象，需要加以提醒、强化。为了提高教学进程很多时候教师不需要让学生停下来，在游动中教师仍然需要不断地做**简捷示范动作**，告诫学生动作做的不准确，应该这样做等。教师的位置应该当学生呼吸时能清楚地看到教师的示范动作。教师的示范动作一定要力争准确、形象、提示重点。比如，以手臂示范蝶泳腿的动作时，要加上腰的动作，让学生明白蝶泳腿不只是腿的动作还有腰的动作。在联接游的练习中看到学生的手臂没有贴紧头部时，教师以强调手臂贴紧头部的示范提示。看到学生头没有低下去，教师以手语提示学生把头低下去等等。

"想象"在游泳教学中有着非常重要的作用。教师要运用形象生动的语言描述，使学生掌握名词、术语、图解符号的意义；教师要善于利用日常事例说明抽象的概念、术语、原理，启发学生的'**想象力**'，帮助学生形成具体、鲜明的动作形象。例如用画大圆圈不画小圆圈来提示学生初级自由泳和联接游的手臂动作。用风车或水车上下转动的形象而不是直升飞机的螺旋桨的形象，提示初级自由泳和仰泳的手臂是下划和上移臂而不是外划手侧移臂；如在蝶泳教学中以想象海豚的形象帮助学生提高追逐波浪的感觉；如蛙泳腿的翻脚动作和蹬走练习，可以想象企鹅走路的样子；再例如教学生滚翻、跳水出发动作，教师正确的示范结合一些直观教具，如画图、图片、球或圆形的物体，使学生头脑中的**再造想象**的形象更加生动、具体、正确而逼真。

诱导教学法——在游泳教学中也起到直观形象的作用。学生在通过模仿老师的示范动作并进行反复练习，头脑中已有了清晰的表象，但有的学生对运动技能的掌握还需要更进一步的强化。利用点、线、圈、木棍、浮条等辅助性教学用具和手段，规定学生身体的活动区域以帮助他们认识和体验正确的动作感觉信息，得到一些心理上的启发。如，在仰泳教学中，为了使学生手臂能够保持直上直下，并能使手臂肌肉充分伸展，把一根软浮条的一头置于学生肩的前上方，学生一边游，教师在池边一边走，学生看到软浮条后，手臂会尽量向上够，并用手指的指尖触及软浮条（图2-31）；在蝶泳教学中用木棍，头上放置一个吸引学生的物件，教师把一头放在水中学生眼睛能看到的地方，一放一提让学生追着游，引导学生的身体一上一下地随波起伏（图2-53），其它例子见辅助工具教学法。这实际上就是运用了心理学的有意注意的特点，引导学生通过视觉，产生一连串的动作，这些动作正是教师想要达到的动作要求，起到了因势利导的效果。这些辅助工具无形中起到了矫正动作的作用，就好像牙科医生给牙齿不整齐的人带矫正牙套一样。持续做这样的动作，就能达到了"本体记忆"的目的，也就是说，凭着肌肉的感觉记住了这个动作，经过反复的记忆后，动作得到了矫正。

拘束身体限制反应教学法——是通过神经系统感受器所被传授的信号，通过肌肉动作活动感知动作要领或防止错误动作反应，从外界对学生肢体运动的方向和范围进行限制的方法。如在教学生自由泳和仰泳联接游时，为了防止呈流线型手臂提早下划，教师把木棍的一头放在学生手臂下面起到支撑手臂的作用（图2-33）；蛙泳呼吸的时候为防止腿过早弯曲，教师使用木棍压住学生的小腿1-2秒加以限制小腿上抬过早的错误；自由泳和仰泳腿分开过大与蛙泳蹬腿前两膝分开过宽，可以使用橡胶圈加以限定两膝之间的距离（图2-63、2-64）；自由泳和仰泳腿分开过大，可以做陆上模仿练习时让学生踢教师的手掌来限制踢腿的幅度以强化肌肉本体感觉等等。

在游泳教学中教师对学生学习运动技能进行**心理指导**。学生除了通过观看准确优美的示范，形成正确的形象，对正确的动作形象进行回忆、模仿而进行练习之外，还要采取被动强化练习。如**强制反应法**。这是教师为了一开始就给学生提供正确的动作感知，直接操纵学生身体指导的方法，这时学生自己不主动地试做反应，而是由被教师操纵的部分身体强制进行反应，因而能够对比错误动作和正确动作的运动感觉信息，一开始就给学生提供了肌肉感觉的经验。如手把手地教学生蛙泳腿的收、蹬、翻、夹腿的动作（图2-42）；蛙泳腿柔韧性练习（图2-47）；教师站在学生身后牵引学生的手臂做被动直臂蝶泳手的移臂动作；教师在水中帮助学生做自由泳打腿练习的手法（图2-5）；教师在水中牵拉学生的手臂帮助学生做自由泳联接游（图2-8）；教师在水中帮助学生摆正头的位置（图2-9）等等。

在加强肌肉运动的感受性方面，可以结合生理学和心理的主动自我强制的反应方法。我们在完成某种游泳中的动作时，不仅要准确地感知到身体的外在因素，而且要感受到自己肌肉的运动，如产生某种运动肌肉用力的大小、方向，伸展还是收缩，对幅度的影响等。在游泳时，在一定程度上可以把所感知到自己身体的外形作为参考，但比这更重要的是进行运动时所获得的运动动作的感受，这种通过肌肉运动的知觉得到的技术的认知，对初学者来说，这起着区分正确与错误动作的作用。如有的学生在游蝶泳时，一只手臂可以伸直，另一只手臂不能伸直，而不能伸直的手臂的手形一定是紧缩着的，这是一个生理和心理的连锁反应，弯曲的手臂肌肉相对僵硬，连带手关节也是紧缩的。这时候教师除了被动采取强制反应法以外，可以让学生把五指张开，始终保持'五'字的手形，更加形象化，这样反复练习手臂就伸直了；初学者学习自由泳联接游时，去掉打水板有一定的困难，为了使学生自我强制，可以使用一根小木棒或一只拖鞋代替打水板，因为手里有了东西手臂就不会提前下划，这是一个很好地自我强制学习方法（图2-7）；初学者学习自由泳时，常常找不到水感，划水还没有完成就急于做移臂动作。这时可以让学生推水完成的终点应是大拇指一定要触及大腿外侧，手掌不可提前翻转和提前抽出水面做移臂动作，强化运动肌肉的感受性（图2-19）等等（文献8）。

心理学对有关感知觉有不少论述，在体育运动教学中起到了一定的指导作用。这些感知觉对事物作出了客观反映。另外还有一种特殊的感知觉——**错觉**(illusion)。在游泳教学中由于年龄的差别与运动技能掌握阶段的差别，错觉常常发生。我们不但要从客观地、正面地去认识感知觉在教学中的运用，还要从教师自身找出造成错觉产生的客观原因及后果，并**利用错觉**的手段达到理想的教学效果。什么是错觉？<u>**错觉是指在特定条件下对事物所产生的某种固有倾向的歪曲知觉**</u>。错觉是很难避免的，而且也是完全正常的。只要产生错觉的条件具备，任何人都可能会产生同样的错觉，但是有些常识性的错觉则是可以避免的。错觉产生的原因十分复杂，从现象上看，既有主观原因，也有客观原因。主观上，往往与学生对事物的理解、习惯、定势、情绪等心理或生理因素有关；客观上，则是由客观环境的变化而引起的，如教师的示范动作、不合适的教学方法和手段等。研究错觉，不仅是揭示错觉的存在及其规律，更要探索对错觉的利用或纠正的方法。在游泳教学中甚至还可以利用某些错觉来提高学生的某种能力（文献9）。

下面我们来探讨一下两个典型的错觉在游泳教学中带来的影响。'S'型划水(S-like propulsive pattern)或曲线划水和'高肘'（High Elbow）动作在游泳运动中是不可忽视的技术环节。它是产生推进力关键性的技术，这个技术掌握的不好就无法提高游泳成绩。几乎每个教师和教练对学生和运动员都采用这两个技术。但在对"儿童期"（优秀运动员除外）、年龄组或是游泳教学的初、中级阶段，教'S'型划水和'高肘'技术往往会使学生产生某种"错觉"。传授这些高难动作时，要从年龄的心理特点、掌握运动的能力，并结合运动学的原理考虑一些细节。8-12岁的儿童由于生理发育的规律，感知觉往往模糊、粗糙、片面和不精确性。他（她）们已有的认识结构简单，思维偏于形象思维。当老师教他们S型划水和高肘技术时，他们脑海里呈现手臂弯曲的形象——高肘低手和S型曲里拐弯的划水路线。他们只是记住了S的形状和'∧'曲肘的手臂形象，手臂入水、划水、划水结束时的提肘，手臂始终是弯曲的。这一阶段的学生或队员由于技术还不过硬，手臂的力量较弱，他们很难在划水时抱住水，难以实现高肘划水技术。由于过于曲臂，不仅划水浅，划水路线短，并且移臂时造成入水点近，身体扭曲（图2-15、16、18、20、21、22）。对这一年龄阶段的学生或游泳技术还不稳定的队员，不宜教他们S型划水和高肘划水技术和高肘移臂技术，过早地教这些技术，会使他们产生'错觉'。我们也可以利用错觉教他们划水动作或纠正错觉给他们带来的不正确动作。如我制定的'**先直后曲**'原则——先从直臂划水和直臂移臂入手，待这种基本技能掌握之后再开始教曲臂划水。直臂划水虽然不是'正确'的动作，只是一个过渡教学手段，可以利用错觉而不使学生产生错觉的一种手段。自由泳手臂入水点应是肩部的延长线的远端，手臂入水后身体应呈现最佳流线型的姿势，划水结束时手应该划至大腿一侧而不是腰部一侧，直臂的入水和划水可以做到这一点。至于水下直臂划水，虽然不正确，但利大于弊，至少不会造成划水路线过短，也不会对造成身体扭曲埋下潜在的危险。

经过一段练习后，可以发现他们水下划水动作的手臂是自然弯曲的，其实这正是教师想达到的教学目的。对于已经学过S型划水和高肘划水技术和高肘移臂技术的学生，并以造成错误的动作形成，我们还是利用'错觉'来纠正因错觉带来的错误动作。我们知道自由泳的水下划水路线不应该把水由前往后平面推动，而是有规律的划水曲线产生推动力。为了纠正上述错误动作，教学生水下划水是由前往后平面推动，是直线而不是曲线（图2-3）。使学生产生直线的运动表象，想象手的划水是直线，一直划到尽头再出水。确切地说这是一种想象力，学生不可能完全按照老师的要求做到完美，但是经过反复练习，以前的错误动作得到了纠正。

上述错觉是怎样形成的呢？由于他们的感知觉水平比较低，当教他们做'S型'划水时，他们脑子里呈现的形状和方向感觉是'S'型。像用左手写S字符一样，先向外划水，再向内划水，然后再向外划水。

这是为什么呢？S符号中间的直线，应该是纵轴，是我们身体游进的方向，可是划水的路线却是S型。由于学龄期儿童正是形象思维时期，还没有进入抽象思维阶段。当他们做S型划水时，手入水过中线后，身体已经随着手的指向弯了过去，然后向外划水，身体继续向同一方向或相反方向弯曲并同时臀部厥起，等手开始向内划水，而另一只手臂开始弯曲移向前方时，身体开始向另一侧扭曲，然后当手臂又向外划水时，身体又开始向另一侧扭曲，造成一连串S型，或蛇形的游进姿势。这是一种典型的有意的注意，导致为无意注意的心理现象。

这种恶性循环导致了学生错误地使用了与核心力量有关的肌肉群，使之本体感觉记住了这样动作成为习惯。造成身体扭曲的原因，就是没有真正地领悟到纵轴运动和流线型的重要性所在，使学生们产生了形状错觉、方位错觉。***往往以正确的技术理论教学，使学生产生'错觉'，反而达不到应有的教学效果。因此有时运用所谓'错误动作'或'错误方法'往往可以达到更理想的教学效果。***在教学的初级阶段并不一定一开始就按照正确的方法去教。针对这一年龄阶段的学生，过早地教'S型'划水和'高肘'划水技术和高肘移臂技术所带来的问题，给以后纠正错误动作造成不必要的麻烦。应该是先找到了水感，再开始学S型划水和高肘技术。让学生从无意注意的情况下找到水感，然后是有意注意的学习 S 型划水和高肘技术，水到渠成。

从运动学的角度考虑，应该首先清楚<u>牛顿第三定律 — 作用力与反作用力</u>在游泳中的重要性。对初、中级学生或者年少的学生来说，考虑一些更简单的划水方法，比如说，不要有向外划或过大向外划的动作，就直接向与身体前进相反的方向划水，以考虑作用力与反作用力(Counterforce)的关系和孩子们的年龄及心理特征为原则。8-10 岁的儿童由于手腕骨的骨化过程尚未完成，动作的准确性较差，所以他们在学习游泳的技术动作时，不宜教他们太复杂的动作。弄懂核心力量在游泳中的作用，找出相应的教学方法。其实，有一些难度动作不必刻意去教，有很多技术是在练习的过程中自然地学会的。比如，开始教他们直臂划水，直臂移臂，其实没有多久当他们学会了放松，手臂自然而然地就会弯曲了。因此，在学习游泳的过程中，抓住核心力量与身体平衡这个重点，不要过于追究动作细节，误导学生产生不必要的误解，为潜在的隐患埋下伏笔。

S 型划水和曲线划水一直被沿用了 30 年至今，不少科学家和著名的教练对此也有不同看法。但是世界冠军们都曾经使用 S 型划水和曲线划水、直线划水也创造过世界最好成绩（文献 12、14）。所以不管哪种划水路线，只要适合本人的划水的感觉就是可行的，不必过多地追究哪种正确哪种不正确。著名教练迪克.哈努拉 (Dick Hannula) 比较客观地看待曲线划水。他认为曲线划水会增强运动员的水感，但有时也会形成错误的划臂动作，自由泳在入水或抓水时进行曲线划水是不正确的（文献16）。

参加游泳锻炼是学校的课外活动。学生放学后来上游泳课或参加一些其它的体育运动，作为教师、教练也要把这项工作看成是教育 — 身体教育。从教育学的角度，主要考虑，教育学生勤奋好学，吃苦耐劳，敢于挑战的精神，譬如，对一些懒散，不求上进的学生，要鼓励他们，在指出他们的缺点的同时，也要及时表扬他们的优点，不要总是找好的学生做示范动作，差的学生也不是什么都不行，也有能做的较好的一些动作，也让他们做一些示范动作，增强他们学习的自信心。对怕吃苦的学生，要教育他们向不怕吃苦的学生看齐，让他们感觉别人能做到的我也能做到，让他们有一个适应过程，不要操之过急。

教师要根据实际情况，把教材内容转化成具有形象性、情节性、趣味性的'游戏'内容，使学生在极尽愉快、像玩一样的活动中完成一些练习。

教学语言要儿童化。根据小学生儿童的心理，教师的语言要热情、明快、形象，富于鼓励和启发。举例生动活泼，绘声绘色，使学生听得明白，又有亲切感。

体育运动最富有竞争性。在游泳教学过程中，同样具有十分强烈的竞争意识。如每个学生在动作练习时，都会直接表现技能掌握的快与慢、正确与错误的差别。这种外显的行为技能使学生自觉或不自觉地相互比较，你追我赶，力求超过他人。我在游泳课接近结束前利用5到10分钟的时间，经常安排一些小的比赛，如个人赛或接力赛，他们为队友相互鼓掌加油，为同伴的胜利而欢欣鼓舞。培养他们勇于挑战的精神的同时，也提高了整个课堂的气氛。

在对青少年儿童运动员的教学与训练中，除了弄懂游泳运动的概念之外，重要的是怎样在教学与训练中实施。在实施的过程中，要进一步地了解少年儿童的心理特征，以及心理发展年龄阶段的特点。这样才会有的放矢，达到更好的教学效果。

二、 手语与身体语言教学

少年儿童的模仿能力很强，在游泳教学中，教师以各种手势或肢体动作作为语言的形式，在不打断学生游泳的行进中，让学生能够清晰地看到教师的位置，从而进行的一种直观教学方法。它能够使学生一目了然，便于模仿，同时又能起到强化教学的进程。这一方法是在语言教学进行之后，在学生练习的行进中，进行的一种指导方法。事先让学生了解手势语言与身体语言的意思，当学生在瞬间看到这些语言时，能够立即做出反应，达到有的放矢的效果。

手语和身体语言有三点须要注意：

第一、教师的模仿动作尽量要准确，形象感强，要让学生心领神会。教师也要经常不断地对着镜子练习各种游泳陆上模仿动作和形象的肢体语言，如果老师的动作不准确，形象不够突出，学生没有明白所表达的意思，直观教学的效果就没有那么好。

第二、要根据学生的具体情节，加大或减小动作的幅度，如学生打腿过大，教师应做小幅快频的手势动作，反之要加大动作的幅度，使之动作更加形象化、具体化、有针对性。

第三、手势语言和身体语言，也是一种对话，要能从学生哪里得到反馈，以达到教师对学生动作的认可。

下面举例说明手势语言。

1. 打腿的手势语：

自由泳和仰泳有两种手势。1、用两臂模仿打腿的动作，2、用食指和中指做打腿的模仿动作。也可以做联合手势动作，如一臂上举做流线型动作，另一只手做模仿打腿动作的手语，提示学生在保持良好的流线型情况下，不停地打腿。

蝶泳腿有三种手势和身体语言，1、两臂做蝶泳腿的模仿动作，同时身体也要模仿海豚的动作形象。2、两手上举做流线型姿势腰腹带动腿做蝶泳腿的模仿动作。3、以前臂带动手掌，模仿海豚上下起伏的波浪动作，像"〜〜〜"。

蛙泳腿有两种手势和身体语言，1、用两臂，以手代脚，以肘为膝，做蛙泳腿的模仿动作。2、站立并用单腿做蛙泳腿的动作。

2. 划水的手势语：

划水的手势语是以直观教学为原则，划水本身就是用手臂来完成的。但是划水的手势要特别注意重点提示，不一定做完整的划水的动作，因为学生在呼吸的时候不可能看到划水的整个动作过程。

如学生游蝶泳和蛙泳时，教师要正对着学生，当看到学生蝶泳移臂时，手臂弯曲，教师应站立做直臂动作以提示。当看到学生手入水太宽的时候，教师应做蝶泳流线型姿势以提示手臂要与头并拢。当看到学生划水太宽或太浅时，教师用手臂做菱形划水的手型，或深度划水的形象动作，如果有必要可做直臂划水动作手势。当看到学生游蛙泳，两手不能合拢时，没有做到流线型或没有做加肘动作时，教师可做相应的形象动作来加以提示。学生游自由泳和仰泳时，教师应站立在学生侧面的池边，以便看到每一个学生从你的眼前游过，当看到学生的姿势不正确时，可以立即用手语和身体语言给予提示，以便及时地纠正学生的错误动作。再如，没有做到流线型姿势，可用单双臂做流线型姿势提示。如，划水偏离中线，可做中线划水提示。当入水点不准确时，可做正确的入水点提示。当划水距离过短时，可做拇指触及大腿一侧的手势等等。

3．流线型的身体语言：

  教师的身体语言属于直观教学，所以要求教师的示范动作，尽最大努力地去做到尽善尽美。多种流线型身体语言，有站立的也有顺着学生游的方向的，有单臂的，也有双臂的，包括四种姿势的流线型语言，总之，一目了然，不但让学生可以模仿，也要让学生明白老师身体语言的意思，通过学生的反应得到反馈。

4．其他手语和身体语言：

  如低头的手势是食指向下指；抬头的手势是食指向上指；眼向侧看的手势是食指侧指；眼向上看的手势是食指向天上指；身体上下起伏的手势是手掌做波浪型；身体入水角度的手势用手掌代替身体做斜下方入水动作；姿势正确拇指以示很好；姿势不正确拇指以示不好等等。

三、 辅助工具教学法

  辅助工具教学重在'辅助'，它是利用一些随手可得的物件，用于辅助学生的身体位置和身体姿势。这些辅助性的工具可以帮助学生，从一个较低级的动作过渡到一个较高级的动作，不给学生养成不良习惯的机会。辅助性工具还可以帮助学生，纠正动作，改进游泳技术。

下面就介绍一些常用的辅助工具教学法（图 2-59）。

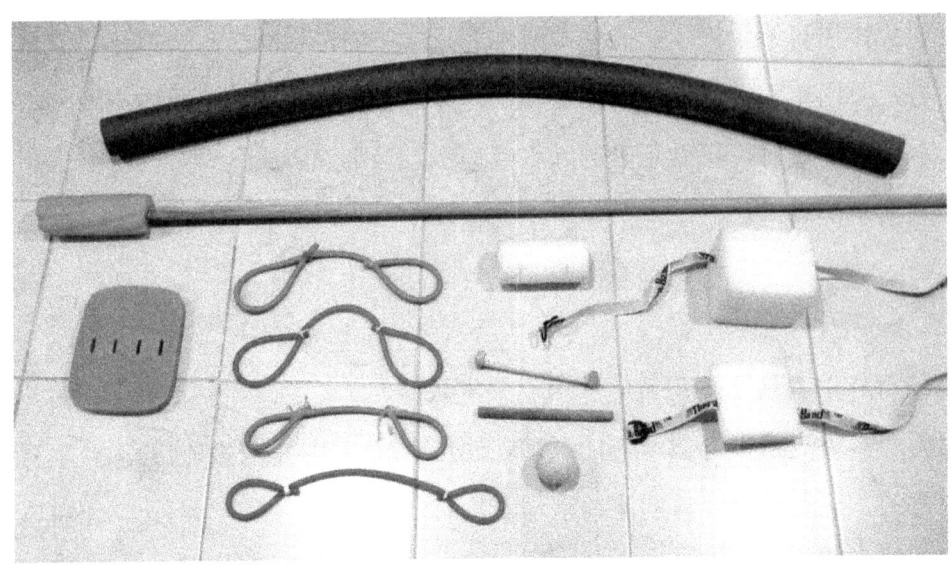

图 2-59 游泳教学辅助性工具（图片）

1. 小浮板或小木棒 —— 制做一些像手掌大小的浮板，或找一根小木棒。做自由泳联接游时，对一些手臂不能很好地保持流线型的学生使用小浮板，可以加强他们手臂努力向前伸展。小浮板的支撑作用虽小，但是有心理作用，可以迫使学生完成动作要求。因为他们手中有东西，不能把东西扔掉，只好尽量地保持手臂在水面上（图 2-60），起到一种自我强制作用。这是一个很有效的练习方法。

图 2-60 手持小棒联接游

图 2-61 仰泳的引导教学

2. 木棒 —— 找一根6，7尺长的木棒，木棒的一头套上一个软的东西以免碰伤学生。这个木棒也叫'万能棒'，它的用途广泛，可以利用它纠正打腿的动作，如仰泳打腿，膝关节露出水面过高，可以把木棒一端至于膝关节部位的水面上，当学生打腿时膝关节会触及到木棒自然知道自己错在那里，比语言教学更直接。仰泳打腿时臀部向下坐时可以将木棒至于学生腰部将上体托起，以提醒学生要挺胸拔背。学生游仰泳可将木棒的一端至于肩部的延长线上，学生的手指尖儿将可以够到的位置（图2-61），以提醒学生手臂垂直向上，尽力伸展，要求学生移臂的速度可快可慢，根据具体情况而定。还可以用木棒做仰泳和自由泳的直观教学，将木棒抡圆了让学生模仿车轮式划水动作。还可以用木棒引领学生学习蝶泳身体上下起伏的动作（图2-53），这也是一种心理引导法。学生游蛙泳时可以用木棒引领学生学习，让学生的手臂前伸，滑行，也起到了心理引导的效果。另外，还可以用木棒帮助学生纠正各种姿势，总之，教师可以发挥各种想象力，让'万能棒'发挥作用，这里就不一一介绍。

3. 软棒 – 水上用来玩耍用的棒形软浮条。可以用它来做游泳教学工具。用途有些和木棒相似。更重要的是帮助初学儿童克服心理恐惧感。如，对于年幼体胖初学怕水的儿童，即使后背绑了浮漂，手扶打水板，身体也会翻转，并呛水。这时可以利用软浮条帮助学生练习自由泳和仰泳打腿（图2-62），也可用于其他教学之用。

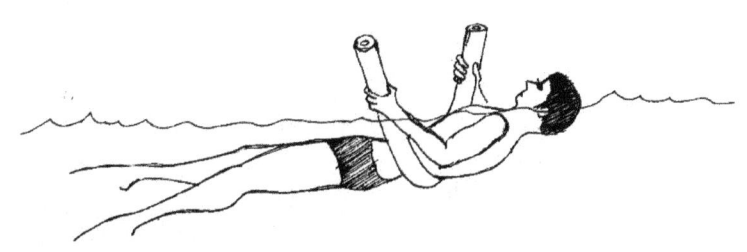

图2-62 利用软浮条帮助学生练习仰泳腿

4. 小皮球 – 可以用来提高蛙泳和蝶泳技术，方法是把小皮球至于颌下做蛙泳或蝶泳的练习。

5. 橡胶管条 – 使用制作医生听诊器的那种的橡胶管条，做成一些教学工具。如一条两尺左右长短的橡胶管条，两端做成两个环，两个环套在脚腕上，两个环之间控制一定的距离来限定打腿的幅度，用来帮助那些自由泳和仰泳打腿有问题的学生（图2-63）。也可以适用于蛙泳腿，但两个环要做的大一些（图2-64）一来帮助那些打腿时，膝关节分开过宽的学生。也可使用于蝶泳腿的练习，但套在脚腕上两个环之间没有距离，像个8字。但为了安全起见，用于蝶泳腿练习时要注意安全，要在浅水区练习，或学生有能在深水区自由玩耍能力的前提下进行。

 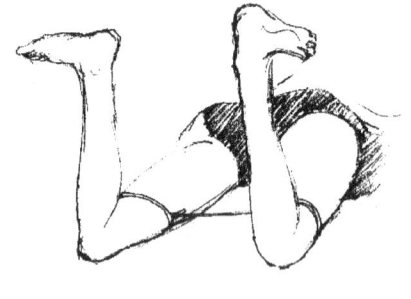

图 2-63 自由泳和仰泳腿辅助性工具　　　图 2-64 蛙泳辅助工具教学

第七节　出发、转身与冲刺

　　出发、转身与冲刺技术在本书中不作为重点。因为本书的重点是四种姿势游泳的技能技巧。当然出发，转身与冲刺也包括在游泳的技能之中，它是在比赛中决定胜负的那么零点几秒起到一定的作用，而游泳的技术，速度，耐力是取得胜利的关键。另外，一个重要原因是，少年儿童，由于缺乏爆发力与绝对力量，不可能迅速完成转身技术，而出发也达不到要求的远度。因此只要能按照正确的出发转身技术要求就可以了，随着年龄的增长，力量的增长，每天练习的数量，出发、转身技术会水到渠成，自然而然地会做到完善，不必在儿童时期，花费太多的时间去练习出发与转身，反而，挖掘四种姿势游泳的技能技巧却无边无尽。

　　下面仅就少年儿童的出发，转身的技术及重点注意事项作一说明。

一、　出发要点

　　出发台出发的形势基本上有两种，一种是两腿平行分开站立。另一种是两腿一前一后，好像田径短跑的起跑。两种出发式各有千秋。我认为刚参加游泳队前两年的队员，应采取两脚平行式出发为好，因为两脚平行稳定性强，跃起后空中不会走曲线。台式出发要掌握以下几个要点。

　　1、反应速度。我们游泳队在比赛中使用一种测量反应速度的电子板，比赛结果出来时同时，也显示出你的出发时的反应速度。我观察了一下，反应速度一般是在 0.30 秒到 0.90 之间。可想而知出发的反应速度是多么的重要。应加强反应速度方面的训练。

　　2、出发时起跳的高度。起跳的高度要因人而异，因年龄而异。年龄较小的不要跳得太高，跳的太高，入水过深，游出水面的时间太长。但是不管起跳的高低如何，都应有一个腾空的动作，要看到向前一跃而起的动作，就好像体操中的跳马，有一个第二次飞跃。多做提高腰部的协调动作的练习。

3、入水。要控制好入水的角度与身体一定的紧张度。入水的角度决定入水的深度，不同的姿势其入水的角度也应该不同。整个起跳腾空和入水是一个协调的动作，身体绷得过于紧张，影响动作的协调性，身体太过于放松入水后影响滑行的速度。但入水的一瞬间两臂夹紧，并紧贴于后脑勺，呈流线型，使之成为一体，以抵挡来自水面的撞击力。但腰腹部要适当地放松以调控入水角度和入水后的深度。

仰泳出发和台式出发的要点相同，但有几点注意事项。

1、做各就各位的姿势时，要注意膝关节弯曲的角度，应不少于90度。试想当我们在陆地上做纵跳动作时，膝关节弯曲的最佳角度在100度到120度之间。仰泳出发膝关节弯曲的角度，直接影响到出发的反应速度。因为膝关节弯曲的角度过小，不是起跳最佳发力时机，膝关节弯曲的角度从50度过渡到100度需要时间，故延长了出发的时间。如果腿部弯曲是你本人的最佳角度，当听到出发信号，将立即可以蹬离池壁。此外，腿弯曲过大，脚蹬离池壁的力量是顺着池壁向下，容易蹬空，蹬滑，影响出发效果。膝关节弯曲的角度大于90度，此时脚蹬离池壁的方向正好和池壁相反，起到了反作用力的效果，也起到了防滑作用。

2、起跳的高度和背拱的柔韧性有关，不要一味地追求起跳的高度，反而弄巧成拙。

关于自由泳出发的一点儿建议。大部分少儿出发入水后做蝶泳腿。我个人认为，自由泳出发入水后做自由泳打腿是基础。10岁以下都应该做自由泳腿。11-12岁一半以上应做自由泳腿。13岁以上可以选择。因为入水后做自由泳腿是走直线，蝶泳腿不是走直线。少儿本身控制身体的能力就比较差，起跳后身体是不是在泳道的中间？入水后是不是走直线？再加上蝶泳腿，使得整个出发路线弯弯曲曲。我认为少儿应以打好基础为准，不应一味地模仿成年人或奥运选手的出发动作。

二、 转身要点

转身也是为了争分夺秒，转身越快越节省时间越好。转身的好坏起决于身体的协调性和柔韧性，这是基础。在这个基础之上要注意以下几点。

1、转身越快越好。要迅速完成转身动作，要做到动作连贯，麻利。自由泳和仰泳转身，要注意开始转身时，不要只是想到头向下的动作，再向后转动，应该一开始就想着头<u>向后</u>，像"U"字母一样，就是说头向下向后一次完成，不要拖泥带水，越快越好。身体转过来后，待两腿打过来，两脚立即蹬离池壁，不要怠慢。这就要求滚翻的时机要掌握好，两腿朝着墙打过来，两脚触及池壁的那一刻，两腿弯曲的角度正好是你最佳等离池壁（起跳）的角度。这样你就不需要调整角度的时间，<u>立即就可以蹬离池壁了</u>。

蝶泳和蛙泳的转身，要注意开始转身时，不要只想到身体转过一半时再推离池壁，而是一开始就想着两手触池壁后立即推离池壁。这就要求选手的身体的灵活性，要做到第一想到推离池壁，在推离池壁的同时，收腿并转动身体，一气哈成。要注意推离池壁时的两手要贴紧池壁，主推手臂的肘关节弯曲的角度应在 90 度左右。做到这一点，需要求选手控制好触壁的时间差，也就是最后一次划手距离池壁要适中，不能太远也不能太近。触壁的那一刻不是滑行阶段，也不是身体撞入池壁的感觉，而是手臂撞入池壁的感觉。这样双手可以立即贴紧池壁，并可以立即推离池壁。

2、转身越节省时间越好。如何更好地节省时间呢？这里我仅讲一个要点。在自由泳和仰泳转身技术中，除了掌握好滚翻的时间，还要掌握提速，就是在离池壁 5-6 码处适当加快游速。速度越快越有利于身体的翻转（借助惯性），同时速度快，在滚翻的同时，由于身体的跟进，在滚翻的瞬间，身体还是向前移动着的（惯性），因此，速度相对越快，滚翻的时间相对可以提前，节省了时间，同时也节省了游进的距离。在平日的练习中，要注重这方面的训练，不要让选手们养成快游到头了，借以滑行缓一缓的习惯，要把**练时当作战时**。蝶泳和蛙泳同样。

三、 冲刺要点

冲刺，是在比赛场上经常看到的最为精彩的一幕。其实冲刺就是选手们在比赛中，以抢先达到终点为目的。其要点就是手指快速触及池壁的技巧。冲刺，无非是在最后的几码内加快打腿和划手频率，减少呼吸次数或闭气游，以手指能够够得着的最远点触及池壁。在观看比赛时，有时候我们会看到，头部离终点最近的选手，却输给了头部离终点稍远的选手，这是因为划水和移臂是交替进行的，前者两臂还在交替中（自由泳和仰泳），还在移臂中（蝶泳和蛙泳），而后者已经完成了移臂，手臂已经入水，抢先达到了终点。所以在冲刺时，要凭着对距离的感觉，遥测距离，巧妙地准确地分配划长（步长），不间断地完成冲刺和触及池壁的完整动作。还是那句话，要把**练时当作战时**看待。

第三章　年龄组游泳训练策略

金字塔模式 —— 每个游泳队都有自己的梯队建设，一个好的游泳队应该重视梯队建设。我认为梯队建设，重点是打基础阶段，基础打得不好，就会出现断层，就好像台阶有一层断掉了，爬楼梯的时候就有问题。我主张梯队的建设，应该像金字塔式的而不是台阶式的，台阶坏了需要修补了才能用，而金字塔有一点损坏，它还可以矗立千年。金字塔下面大上面尖，游泳队最小的年龄组正是金字塔的最底部，应该足够地重视起来，不能头重脚轻的只顾抓尖子选手，而忽略了年幼的选手的培养。金字塔上面的尖儿，就是最高的理想，如果基础打好了，人才会源源不断。

第一节　关注点

在游泳训练策略这一节中，我们不谈训练学所涉及到的理论，也不谈如何训练、如何制定训练计划的具体问题，我只想谈一谈年龄组在训练和比赛中所遇到的我认为有必要提出的一些问题。

一、潜力

谁也不知道一个游泳运动员的潜力到底有多大（包括运动员本人）？我认为挖掘潜力的过程就是提高运动成绩的过程。我讲的'潜力'，不是游泳运动员们是否具备一流水准的潜力，是否具有进军奥运的潜力，而是游泳队每一个游泳运动员自身可以挖掘的'潜力'，可以提高游泳技能空间的潜在能力。

每个游泳运动员的潜力是看不到，摸不到的东西。一般来说，是凭着多年的经验通过对运动员进行三到五年的训练来判断的。<u>发现</u>一个运动员的潜力并不是唯一的，如何挖掘运动员的潜力？如何**培养**运动员的潜力？才是最重要的。这是一个不容忽视的问题，也是从长远的角度考虑，未雨绸缪，为将来提高运动成绩来考虑的焦点。我认为：**发扬运动员长处的同时"攻其弱点"，是挖掘潜力的最有效的手段之一**。因为，最弱的环节决定运动员自身的运动能力是否全面。运动员通常知道自己的弱点所在，有躲避弱点的心理。因此，教练员应考虑如何全面地发展他的队员，消除队员身心两方面的障碍，自强不息，做到无论在生活方面，还是在训练方面，都有利于最大限度地发展他们的潜能。奥运会蛙泳冠军北岛康介的教练平井伯昌在《洞察力——实现梦想的指导法》一书中也讲到这一点，他说："人类无论谁都有长处和短处，如果开始就说短处的话，长处就得不到发展。我的观点是，首先应当先发展选手的长处，如果到了发现短处影响长处发展的时候，再来纠正短处"（文献15）。我基本同意这个观点，但我认为对某些选手来说，在发展长处的同时纠正短处的效果更好。

潜力是多方面因素组成的，那么有一些因素，对某一些人来说是特长，而有一些因素正是他（她）们的弱点所在。所以如果采取扬长避短的方法，他们的潜力就不可能100%地被挖掘出来。一个优秀的少年游泳运动员（9-14岁），应该具备相应的提高成绩的空间。比如游泳的技术，包括保持身体的流线型、有良好的柔韧性、四种姿势的划水、打腿的技能技巧以及平衡能力（核心力量）等。游泳的训练水平，包括速度、速度耐力与耐力、对体内乳酸的耐受力。心理上，包括竞争意识、良好的心理素质。生理上，包括遗传因素、以及天生的或可塑的身体形态等等。对于少年儿童来说，对各种因素考虑的越全面，可挖掘的潜力就越大。例如，一个11岁的游泳运动员，有身高优势，划水技术较好，训练刻苦，竞争意识强，游泳成绩也不断提高，在队里也很受队友们的羡慕，教练也十分满意。这应该说是一个相当不错的选手，可是弱点呢？打腿一般，体重超标十几磅，柔韧性也很一般。那么，这算是潜力都挖掘出来了吗？教练是否就应该满意了？这个运动员可能是靠着天生的先决条件，所谓"天分"才游出好成绩来的，其潜力远远不仅限于此，也许他的潜力只发挥出70%，还有30%有待于继续挖掘。这就是我们常常看到的，本来有些可以到达国家级的队员，只是徘徊在州，地区一级的水平。

多年来，我观察到不少优秀的队员，他（她）们中间有的人很有潜力，但在训练时，都不愿意做自己不喜欢做的练习内容，或在纠正技术动作时也不够认真，还是重复固有的习惯动作任其自然发展。这样一来，成绩的提高就只有靠少年儿童的自然生长发育，以及在训练中体力，力量和速度的一般性训练顺其发展了。在这个问题上如果扬其长，避其短，那么这个运动员也就是只有70%的潜力可以挖掘。如果攻其弱点，就是说，发扬其长处，同时也不避其短处，那么剩余的30%那部分的潜力，才有机会被挖掘出来。大家都知道世界冠军菲尔普斯的故事吧，他在11岁训练的时候，他的自由泳是两次打腿，教练为了把两次腿改为6次腿，曾经多次被教练赶出游泳池，他开始没有改正的毅力，他也哭过、挣扎过，但他最终战胜了自我，一个多星期后他能用6次腿游400码到能游6000码。他的蛙泳技术也不理想，教练花了大力气抓他的蛙泳，使他的蛙泳成绩大幅度提高，混合泳的成绩也相应地提高了，他的游泳技术得到了全面地发展。我想每个世界冠军都有他们的非凡经历（文献12）。作为一名优秀的教练员，有竞争意识的教练员，应该在如何"攻其弱点"这方面多下功夫，如何通过各种方法变短处为长处，这就是最大限度地挖掘运动员自身的潜力，在年龄组这个阶段训练中，培养出优秀的合格人才。**<u>赛场上选手们之间竞争的背后是教练员们在进行着激烈地竞争</u>**。真正有成就感的教练员，应该在如何挖掘运动员的潜力上下功夫。日本蛙王北岛康介的教练平井伯昌在《洞察力——实现梦想的指导法》一书第20条中非常形象地把培养运动员比喻如同挖矿找矿脉，教练员、运动员要坚持努力继续开发和挖掘更深处的才能（文献15）。

二、 训练思维

我的训练组是从9-12岁，我也同时参与13岁以上的技术性的指导工作。这个年龄组正处于生长发育年龄阶段。儿童大都是从6-7岁开始学习游泳，虽然8岁以下年龄组也有比赛，但进入正式训练一般从9岁开始。那么，9-10，11-12，13-14岁这三个年龄组在经过约 6 年的训练后，为进入成年组（女子 16 岁以上，男子 18 岁以上）打下一个良好的基础。

对于这 6 年的训练，我的训练思维是：

1、 对年龄较小的队员，首先要经常考虑到 6 年以后的发展，不能仅着眼于眼前的状况。因为少年儿童在这 6 年当中，无论是成长发育，还是运动技能都是不定因素，要时常观察他（她）们的身体变化情况。真正创造成绩决不是在这 6 年，而是 16 岁以后。

2、 在训练中要有"能量代谢"的概念。

物质代谢与能量代谢是两个紧密联系的过程，在能量代谢过程中可使各种物质的势能转变为动能。进行训练时，动能用于作功。运动时，人体以何种方式供能，取决于需氧量与吸氧量的相互关系。当吸氧量能满足需氧量时，机体即以有氧氧化功能。当吸氧量不能满足需氧量时，其不足部分即依靠无氧酵解供能。运动时的需氧量取决于运动强度，强度越大，需氧量越大，无氧酵解供能的比例也越大。因此，不管是做全年训练计划，还是每日的训练，或是每一组的训练量，都要考虑少年儿童的生理特点，处理好有氧与无氧之间的利害关系，制定出最合理的训练计划。甚至在比赛中，对每段距离的体力分配也要随时顾及到能量代谢。教练员要有能量代谢的意识，在训练中无论做什么样的练习都要和能量代谢联系起来考虑，才能使你的训练恰到好处地控制在训练适应的限度，而尽量不要出现过度训练，防止少年儿童身心受到伤害发生而导致过早地断送游泳生涯。

3、 训练以有氧代谢为主。

氧的充分供应，是实现有氧氧化的先决条件。人体的吸氧能力越大，有氧氧化水平也越高。所以，人体最大吸氧量的大小是人体内有氧氧化能力（或称有氧代谢能力）的标志。而有氧氧化能力是耐力素质的物质基础。许多研究证明，长距离耐力项目的运动成绩与人体的最大吸氧量水平高度是相关的。

在运动中限制最大吸氧量继续增长的因素中，心输出量要比肺通气功能、气体交换率和血液的载氧能力更为重要。因此，在训练中采取措施加强循环机能的训练对提高有氧氧化能力很重要。

在普通的情况下教练根据队员的心理，都是由短到长的训练模式（根据比赛的项目中统计出来的），就是说注重的运动成绩的顺序是50码，100码，200码，最后才是500码以上的项目（特别是9-12岁）。注重短距离，而对长距离重视的不够。我的训练思维是由长到短的模式，对9-12岁的队员首先注重500码的成绩，其次是50码，200码，最后是100码。50码和100码属于短距离项目，这类项目依靠无氧供能，特别是在1分30秒以内完成的比赛项目，对12岁以下的队员来说他们需要在无氧供能的情况下忍受耐乳酸的能力，这需要在平时的训练中付出比例较高的无氧能力的练习数量，这无疑对这个年龄组是一种灾难。50码的比赛时间短，可以提高肌肉力量的爆发力和游泳的速度，短时间的无氧供能对少儿的身体不会造成大的伤害，而速度素质的培养只有在这个年龄段才得以实现。13-14岁首先重视500码以上的成绩，特别是1000码和1650码的成绩。然后是200码，50码和100码。这个年龄阶段我们可以把200码以下的比赛都称为无氧供能项目，而大部分的比赛项目都是在200码以内。我的训练方针是[以长带短] — **耐力、速度耐力提高的同时，短距离项目的成绩也相应的提高**。若过分做大量的速度与力量的练习，其实就快那么零点几秒，但给这个年龄层的队员也许带来不同程度的运动伤害。波波夫、索普的教练图列斯基来华讲学时说过："我发现，短距离项目上的成功不是由短及长，而是由长及短"。他在讲演中也举了一些例子说明 — 成绩的提高是从200米至100米，而不是从50米至100米（文献13）。

根据教学训练[大纲]的要求，如9-10岁（男女相同），9级的标准是（以自由泳为例）50码 31`52，100码 1:07`8，200码 2:26`5，500码 6:19，我首先考虑如何训练我的队员达到500码 6:19的标准，其次是50码 31`52（文献7）。再如，美国国家年龄组成绩标准(National Age Group Motivational Times), 2013-2016年的统计，11-12岁男AAAA级的标准是（以自由泳为例）50码 24`79, 100码 54`19, 200码 1:57`89 500码 5:17`29, 1000码 10:55`5, 1650码 18:32`8（文献10），我首先考虑让我的队员达到500码，1000码，1650码规定的标准。我坚信只有通过大量的有氧训练（80-85%左右），才能够预测你的队员将来应该朝着哪个方向发展，绝不能过早给运动员定专项。

4、 多练打腿

　　打腿练习也是很好地发挥潜力的有效手段。从生物力学和生理学的角度来看，腿的力量远远大于臂力，而且就陆上的体育运动而言，腿部力量的重要性不容忽视。大多数的分析家们认为，在现代游泳项目中，作为推进力，上肢力量的作用已经超过腿部的作用，我也不否认这一点，作为教练员应该如何去理解，如何去分析这个论点？下面就简要地谈谈我的理解。

　　腿部力量大于臂力，<u>**但腿部肌肉离心脏远容易疲劳，练的越少就越容易疲劳**</u>。在训练中常常有这种情况，特别是自由泳，只划水不打腿，或两次打腿。但在参加比赛的时候都奋力打腿。由于平时缺乏腿部肌肉的训练，股四头肌肌纤维之间的毛细血管的携氧能力低弱，比赛时奋力打腿，由于血液循环较慢不但对股四头肌肌肉的供氧跟不上，而且代谢产物的堆积不能及时的排除，体力消耗殆尽，严重影响了比赛成绩。这对中、长距离的项目尤为不利。平时训练忽视腿的练习，整体肌肉的协调性就越差。因为打腿的力量是从腰部发出来的，或者说是由腰部来控制身体平衡的，打腿的技术较差的队员在疲劳的情况下很难控制身体的平衡。

　　虽说作为推进力，上肢力量的作用大于腿部的作用，但是打腿好的队员，可以节省能量更有效地划水，二来上下肢肌肉群，连同腰部肌肉的纽带，可以协调地配合整体技术动作，这是有素养运动员应该具备的基本的能力。

　　在训练中，忽视打腿的日训练计划，都把打腿当作放松练习来做，来补足运动量。其实多练打腿，注重打腿的训练，队员适应了之后，也就是说腿部的肌肉力量，力量耐力增强之后，也就不觉得容易疲劳了。在节省了臂部肌肉能量消耗的同时，也降低了肩关节容易损伤的潜在危险。我在计时游的组合之外，也会经常安排打腿的计时组合或打腿接力赛以及在游进中强调快速打腿等，以提高打腿能力与趣味。

　　世界上著名的教练(Larry Liebowitz; Jeff Allen; Bob Bowmen; Sergio Lopez; Eric Hanson…)都非常注重打腿训练和自由泳、仰泳六次腿的手脚配合。在国际游泳研讨会上多数人认为，中、长距离的自由泳也应采取六次腿的技术。2003年[从两届奥运会看游泳技术的发展趋势]的资料中的第八点明确指出：注重打腿技术，保持良好的身体位置，有利于手臂的前伸以及发挥核心力量的作用。中长距离运动员越来越多地采用6次打水配合，对运动员的心肺功能和代谢能力提出了更高的要求（文献1）。图列斯基将鱼与人作比较，鱼的重心在身体的前部，而人的重心不是这样，所以人游泳时下肢是下沉的。为了弥补这一点，腿要做很多功才能使下肢不下沉。他还说："当手臂用力时，打腿就需要更用力，才能保持身体平衡"（文献13）。

5、 巩固游泳的技术和技巧

也有不少分析家认为，游泳是力量型的体育运动项目之一。对此，有不少教练员产生了误解，只注意体力和力量的训练，而忽视了技能，技巧的训练。游泳不是人的本能，人在水中游泳是一项很复杂的运动，人要克服水对人体的阻力，取得很快的推进力，必须重视游泳技术训练。我们不能只是凭着一腔热血，靠着大运动量训练，以不适宜的力量训练，或是盲目地追求近年来一些时髦的技术动作来训练我们的选手。

我认为，特别是9-12岁年龄组阶段，把注重游泳的技术和技巧的训练放在**首位**，要把游泳的技术贯穿于整个日常训练中，以至于每一个练习组合中去，不让运动员觉得技术性练习与一般性练习是分开的。同时考虑运动量与训练密度、强度之间的关系。因为9-12岁还不适宜进行专项力量训练，可以进行一些平衡力量和协调能力的相对力量的练习。提高相对力量的另一种有效的方法是要经常考虑如何减少游进中的阻力。在14岁以下年龄组的日常游泳训练中，把一些技能技巧的组合练习加进去，既完成了运动量的同时也改进了游泳技术。在游泳技术基本得到巩固的前提下，发展体质，为今后提高游泳成绩打下牢固基础。著名教练赛尔吉奥.洛佩斯(Sergio Lopez)，曾经说过："正确的技术不应只是在进行专门技术训练和分解训练中才重视，只有在艰苦的高强度的间歇训练中，教练重视运动员的正确泳姿才对运动员很有好处。诀窍是找出一种有效的训练方法进行技术改进，并密切关注运动员是否可以做些改变"（文献17）。

三、 儿童心理训练

首先我们要了解，年龄组在运动训练和比赛中存在个体差异。相同的教练，相同的场地，可能产生不同的训练效果与比赛的成绩。那么教练员都要注意哪些个体差异呢？

遗传因素：有天分的运动员具有先天的身体条件，包括身体形态、肌肉类型及供能系统。

发育因素：同样的运动量对不同年龄的运动员会产生异样的效果，即便是同年龄的运动员，也并非处于相同的发育水平。

体质因素：同年龄运动员的体质存在着个体差异。

动机因素：了解个体动机的差异，是管理好游泳队重要环节。首先要允许存有不同动机的运动员参加游泳队，因为游泳队的训练不仅仅是为了参加比赛，更重要的是育人。

<u>育人是训练工作中的首要任务</u>。在不断提高技术水平和训练水平的同时，教练员要注意运动员文化素养的提高和个性心理品质的培养。

在儿童游泳运动员中普遍存在着心理发育落后于生理发育的现象。可以想象，如果运动员没有了个人的目标，在训练或比赛时都缺乏动力。教练员要注意随时随地观察运动员的心理变化。比如，有些运动员平时的患得患失和不良的心理品质会在比赛的过程中表现出来。教练员要善于发现问题，经常和他们聊天，并有意识地教育他们把参加游泳队看成是一段重要的人生历练，能够面对训练和比赛的压力，就可以面对未来人生中出现的困难。

在体育运动中，我们常常会提到<u>心理素质</u>一词。培养队员良好的心理素质要在少年儿童期开始。游泳队是一个团体组织，每一个训练组也是一个小的团体，以及每一个游泳教学班都可以做为一个团体，其核心就是**团体**，建立一个良好的**团队精神**。一个具有良好的团队精神，有助于提高集体的力量与斗志，同时队员之间可以相互学习、相互鼓励、相互制约，有利于心理上的相互互补作用。

要想办好游泳队，以及管理好每一个年龄组与游泳班，教练员或教师一定要懂得少年儿童期的学生和运动员的心理特点。6-8岁属于儿童期，8-10岁属于学龄初期，11-12开始进入少年期。教师或教练除了教会他们学游泳，制定合理的训练计划，还要管理好这些可爱的孩子们，才是一名合格的教师、教练员。

每一个孩子都有不同的特点，在游泳队里我们会经常遇到不同特点的儿童。下面介绍一些典型范例及教练员应该思考的问题。

1. 怕比赛不怕训练。**表现在意志力强，训练中不怕苦，但在比赛中表现不佳**。这就是我们常提到的'训练型的不是比赛型的队员'。这一类运动员主要表现于，在比赛时紧张过度，总怕自己比不好。一次一次的失败让他们失去了信心。这也是一种心理障碍。那么为什么在练习中表现很突出呢？这是因为在训练中十分放松，没有了这层心理障碍，可以正常地发挥个人的实力。

对于这样的孩子，教练员和家长一定要有耐心，最重要的是要有信心。如果教练和家长都失去了信心，就会使这种心理障碍愈演愈烈。对于这样的孩子，教练员和家长除了采取耐心细致的教育，还要抚爱他们。尽可能地让他们多参加一些比赛，在比赛中多给他们安排一些接力赛，以减少一些心理压力。在报名参加个人项目时，把个人项目的比赛成绩拟报低一点或和较慢的一组进行比赛，以心理安慰的方式减轻一些紧张程度。这样在接力赛中，由于是4人为伍的小团体，可以得到一定的放松作用，比赛后可以看到个人的分段成绩，一般情况下，由于出发衔接技术上的原因，接力赛中的个人分段成绩都要比个人单项成绩好，进而从心理上可以得到一些安慰和鼓励。

对于这类的孩子，要多给予鼓励，少一些批评，特别是严厉的批评要尽量避免。教师的语言要特别注意不要用过于刺激的语言，如，'平时的训练不是挺好的吗？怎么一到比赛就不行了呢？'也不要给他们生气的颜色。可以进行批评，但批评要以讲道理的方式进行，或避开成绩不谈，只谈改进技术，讲究一点批评的技巧。总而言之，教育的目的是让他们心里放松，增强自信心，正常地发挥个人的成绩。

我觉得对于这样的孩子要慢慢地来，也许需要很长时间才能帮助他们解决心理障碍，但也不是做不到的事情，只要有一两次提高了成绩，他们心目中的这道心理防线就被突破了。

2. 训练中不够刻苦，喜欢玩耍，但喜欢比赛，常常在比赛中表现突出。这种类型的队员，很少在训练中出现过度疲劳现象，因此在比赛时很少出现成绩下滑的现象，而且他们的竞争意识很强烈，比赛时十分兴奋，能够调动身体内大量的神经元，常常表现出最佳状态。这是他们的优点，应该提倡，并保持这种坚定的竞争意识。但缺点是，在训练时不够刻苦，也不够认真地改进技术训练。游泳训练是一个长期的任务，不是说今天努力练了，明天就能出成绩，要给这些队员讲明道理，使他们明白系统训练的重要性，冰冻三尺非一日之寒，如果做到这一点成绩会更加突出。奥林匹克的选手决不是在平日的训练中三心二意，只有在比赛时才拼搏的。以实际例子来激发他们坚韧不拔的精神。

3. 训练很刻苦，比赛也很出色，但怕受到挫折，受到挫折就一蹶不振。这一类的选手大都是自身的先天条件不错，加上能吃苦耐劳，在参加游泳队的最初的几年中一帆风顺，很少受到过打击，是队里的佼佼者。这样的孩子容易产生骄傲自满的情绪。

游泳是一个长期且竞争十分激烈的体育项目之一，少年儿童生长发育的速度之快，在今后的比赛中相互超越是常有的事，因此没有常胜将军。要教育孩子们不要输不起，要学会从哪里跌倒从哪里爬起来。另一方面要教育孩子们把比赛看成是一种娱乐形式，重在参与。另外，由于身体发育等多种原因，造成很长一段时间成绩下滑或停滞，教练要分析并向队员讲清楚真正的原因，每个人的游泳成绩都不是直线上升的，都有一个过渡时期，有的长一点，有的短一点，有的出现一次，有的出现多次，这都是正常的，要有信心重新振作起来。

4. 训练中听教练的话，但没有真正地听进去。比赛时一点也不紧张，让游什么项目就游什么项目，比赛输赢都很高兴，只要能和大家在一起快快乐乐的就可以。这就是我们通常说的'没心没肺'的那一种。

这样的孩子看起来发育晚一点，没有什么心事。他们参加游泳队的动机就是能和队友在一起，像朋友一样，没有把个人的成绩当回事。

对于这样的孩子，可以采取顺其自然发展的方法，如果孩子身体素质好，几年后会是一名出色的运动员。对于这样的孩子，平时不出大碍不要严厉地批评他们，但是在比赛前的几分钟，一定要以比较严厉地语言敲打他们，告诉他们怎么游，告诉他们教练就在旁边看着你比赛，这样效果较好。因为这样的孩子平时讲的东西早就忘了，只有在比赛之前几分钟，提醒他们，才会感觉教练是认真的，好像如梦初醒一般，有时候比赛的成绩往往是你预想不到的。

5. 从小就喜欢游泳，自觉性很强，心过于细腻，训练和比赛时不用教练提醒就知道该怎么做。但是游不好就掉眼泪。心理压力很大。

这样的孩子，多数都是在儿童期或学龄初期成绩就很突出，经常梦想将来成为奥林匹克游泳选手。训练时的自觉性很高。回到家里还经常翻阅游泳杂志，上网查阅游泳明星们的资料。他们表现于早熟。

对于这类的少年儿童，要防止他们的心理压力过大，以免造成在未来的几年中，由于成绩不够理想，以往的梦想破灭，早早退出泳坛的想法。教练员主要做的工作是给他们<u>减压</u>，不要使他们的梦想破灭。要让他们懂得，胜败乃兵家常事的道理，游泳生涯道路不是一帆风顺的，每一个人的游泳成绩提高的曲线是不同的，但成绩的上升和下降都是在交替中向上的。

<u>瑜伽与游泳</u>

我们都知晓瑜伽是一种很好的修炼功夫。我虽然对瑜伽的了解有限，但练瑜伽，随着音乐的起伏，和那优美的动感，把你带入了"艺术境界"。

瑜伽源于古印度文化，它是一种修身养心的方法，通过体位，调息呼吸，调心冥想，以达到身心合一的境界。瑜伽体现了"静"与"动"的结合。静，能使你意念丹田，不含杂念，减轻精神上的压力。能使身体更加柔软，使身体曲线更加均匀，使关节、韧带更有弹性。这"静"与"动"的结合，不仅提高了身体的平衡能力，还有助于培养了心理素质，特别是在赛场上要能"静"能"动"，使赛前达到最佳状态。瑜伽，对动作要求十分严格，精益求精。而游泳，正是需要，身体的平衡能力，良好的柔韧性，和不骄不躁的心理素质，以及严格的游泳技术的完善。

推荐游泳运动员把瑜伽作为一种辅助练习，希望对游泳运动有所帮助。

四、 横向发展原则

优秀的游泳运动员，陆上的运动一定也是优秀的。反过来，如果陆上的运动不理想，再优秀的游泳运动员也是暂时的。

根据少年儿童生长发育特点，不能提早进入游泳队接受专业训练（纵向发展），12岁以下年龄组的训练，要特别注意训练的尺度，不要纵向发展。要向游泳以外的身体素质方面（横向发展）拓展。就是说，不能一味地只练游泳，而忽视了对身体素质的培养。少年儿童的生长发育的规律是，神经系统先于骨骼的发育，骨骼先于肌肉的发育，不适宜高强度训练。而心血管系统正处在，发育水平低，不宜做缺氧训练。由于神经系统发育较快，稳定性差，可朔性强。所以这个年龄段是发展协调性、灵活性、动作的敏捷性以及学习能力的最佳时期。再由于骨骼肌晚于神经系统的发育，骨和肌肉中的水分含量，多于14岁以上的少年儿童，反之蛋白质的含量与质量，不如14岁以上的少年儿童，所以，训练强度和训练量，不宜过大。强度过大给骨骼肌带来的负荷过大，长期以往，会影响骨骼肌的质量的发育，特别是不合理的力量练习会导致肌肉中'微纤维'的出现，它会影响肌肉的弹性与肌肉的发育，也会给柔韧性带来不利因素。因此，尽可能的多参与一些其他的体育运动（横向发展）来提高多种运动能力。我认为，8-10岁的儿童应以提高身体素质为主，以游泳训练为辅，11-12岁的少年儿童，提高身体素质与游泳训练各占50%，13-14岁的队员，身体素质占30%，游泳专业训练占70%。每个年龄阶段的队员应该做该年龄需要做的练习内容，时机错过不会再出现。

在安排训练量方面，要考虑到少年儿童的发育情况，专项训练的时间、运动量、运动强度要循序渐进，否则容易造成12岁以下年龄组的运动量过大，而13岁以上年龄组的运动量不足，先是吃不了，后是吃不饱。提高成绩是逐步适应的过程，前一个刺激要大于上一个刺激，才能使运动成绩提高，不断地刺激，不断地适应，才能不断地提高运动成绩。

我认为这样安排训练量更为妥当，8-10岁每周5天训练，每天1-1.5小时，运动量平均为每天2000-3000码、11-12岁每周5-6天训练每天2小时，运动量平均每天为3500-5000码、。13岁以上一周训练7-9次每次2.5小时，早上训练时为1.5小时，训练量平均每天为6000-9000码。这样，每个年龄组之间有一定的发展空间，每进入一个新的年龄组就接受一种新的刺激，不但可以防止低年龄组的过渡训练，还可以调整好身体接受下一个刺激已达到成绩不断的提高。另外每天要做陆上身体素质训练，平衡纵向发展—游泳专业训练与横向发展—身体素质训练，以求达到较全面的综合发展。

第二节　游泳比赛

一、比赛是自我挑战

游泳比赛就是游泳选手们在游泳池里劈波斩浪，相互竞争，相互挑战。挑战的对象可以是他人，也可以是自己，有时挑战个人比挑战他人更为重要。

比赛是一种游戏，也是队与队之间人际交流的一种形式。平时的训练，在比赛中可以得到检验。参赛的规则比较简单，只能根据年龄的区别粗略地划分为8岁以下、9-10岁、11-12岁、13-14岁、15-18岁。参赛人的年龄有差别，每个人的发育程度也有差别，参加训练的时间长短有差别等等。比赛只是一种形式，输赢是次要的，看到每个人的成长是主要的。

许多人从很小的年龄就开始游泳运动。由于人经过儿童期，学龄初期，学龄后期的成长发育过程，他们在运动生涯中表现出的成绩也是上下起伏的。教练员要教育他们学会自我挑战。要学会自己战胜自己。这也需要一定的适应期，不要操之过急。首先教练员不能急躁，不要比赛的成绩不好就批评他们，哪怕是有一点点成绩回升就应该表扬他们，让他们对自己有信心。平时要教育他们，比赛场上是要与对手一比高低，但更重要的是自己与自己比，也就是说提高个人成绩才是进步。要经得起输与赢的考验，输了不要气馁，赢了不要骄傲，要提倡队友之间的相互鼓励。

二、 比赛是检验教练平时的训练

<u>善于观察游泳比赛，善于比较不同选手的不同游泳风格，找出自己在训练中需要改进的地方。</u>

<u>比赛场上竞争的背后其实是教练员们之间的竞争</u>。

队员们在比赛中表现的没有那么理想，队员与教练都很沮丧，是谁的错呢？作为教练应该首先检查自己，也许错在教练而不是你的队员。所以说比赛是一面镜子，平时训练的效果在比赛中可以得出结论。比赛可以检验教练的训练效果。通过比赛教练员可以找出自己的训练计划是否合理，是否需要修改，要常常思考在训练中，在教育孩子们时都出现了哪些纰漏。

如何看一场比赛？我看比赛时，主要看最后两组比赛或决赛。其实有时候看地方年龄组的比赛比看世界冠军的录像更为实际，有时候在训练中觉得自己的队员游得还不错，在比赛中一比较，却发现还有许多不同风格的选手，没有比较就没有鉴别。教练员其实可以通过看比赛能够学到很多东西，不一定常常让他们效仿世界冠军的模式，年龄组的选手与成年人是有很大区别的。当然15岁发育成熟后，一定要多看世界冠军的录像和他们的成长路程。其实有很多12岁以下的小选手们，在游泳节奏上有很多独到之处，是大孩子们做不到的，应该发扬这种风格，不要一味地追求奥林匹克明星而放弃个人良好的技术风格。

教练员首先要做到了解你的队员，然后是制定全年的训练计划，训练周期的计划，周训练计划以及日训练计划。通过比赛看一看自己制定的计划是否合理，是否需要做一些调整。比如，技术上的，训练量与训练强度上的，年训练需要几个训练周期等等，都要进行周密的思考，不断总结经验。

三、 如何让比赛的成绩更好

提高比赛成绩是教练员们最为关心的问题。教练员在观看比赛中都为自己的队员加油，希望自己的队员能够胜出。那么，如何让比赛的成绩更好，我个人认为有以下几点。

1. 在训练中随时掌握队员们的身体状况，是否有疲劳过度现象。
2. 算出在比赛时最佳状态的出现。
3. 教练员自身要有自信
4. 教练员自身要放松
5. 在比赛场上要随时观察队员们的不同心理反应，并能够及时处理。
6. 根据儿童记忆的心理特征，赛前告诉队员们在比赛中应该注意的事项，比赛后指正他们需要改进的地方更为重要。

第三节 训练与教学相结合

我认为6-7岁开始学习游泳是最佳年龄，8-10岁参加游泳队。12岁以下少年儿童的游泳技能的掌握还不够牢固，存在着不稳定因素，但是，**_不稳定因素也正是学习的有利时机。_** 因为这个年龄段正是学习技能技巧的时候，正是因为不稳定，所以"变"的因素很大。变不一定是消极的因素，"变"也可以是"学"。因此，此时正是改进游泳技术的好时机，让游泳的姿势变得越来越好。即便是13-14岁这个年龄组，基本上达到游泳动作的动力定型，由于身体的发育，形体在发生变化，游泳的姿势还可能会有变化，因此，在这个年龄阶段打好巩固的基础十分重要。

对12岁以下年龄组的游泳运动员来说，与其说是'训练'，倒不如说是'教'。这里讲到了'教'游泳，在游泳队里，我们不要对这个字感到陌生，你也可以认为是教游泳，教初学者学游泳。因为在游泳队里好的选手总是少数，大部分运动员的基础都不够牢固。其实，你仔细观察，在游泳队里的许多选手，参加游泳队过早，游泳的技术还不够娴熟，没有打好基础就加入游泳队参加训练。因此，在游泳队里对这个'教'来说，它的意义十分重要。在游泳队里不仅只是训练他们的体能，还要进行大量的技术训练，特别是对于12岁以下年龄组的游泳选手来说，更要掌握好游泳技能技巧，为将来成为一名优秀的游泳选手作好准备。

无论是游泳初学者还是游泳运动员，我们教他（她）们学习游泳和训练他（她）们游泳的目的是一致的，都是为了使他（她）们掌握好游泳的技能技巧，使他（她）们如何游的更快，创造更优异的成绩。

在第二章第一小节里，我们讲到了在教学中要参入训练学的一些原理。游泳教学与训练是不可分割的，它们之间应该是相辅相成的关系，应该把这一观念，贯穿于整个游泳生涯之中。

学会了游泳可以去参加游泳队接受训练。训练是为了提高游泳运动员的体能、耐力、速度耐力及速度，并培养运动员的意志品质，使之在比赛中得以发挥。一般的情况下，教练员们在训练中会安排训练计划，会按照训练周期制定不同的运动量及运动密度、强度。具体的，无非是准备活动、有氧训练科目中会安排一些综合不计时的自由泳、变速游、打腿练习与其他姿势组合。然后做一些划水练习、打腿练习、一些杂游及间歇游等等，还有记时游的主训练科目及短冲科目，最后是整理活动。在现代游泳队云集，游泳人口增长，赛事竞争激烈的当今，在日常训练过程中，教练员们会把主要精力放在提高力量、大运动量训练及高强度上面，往往会忽略提高游泳技术方面的训练。

我们常常会看到这样一种现象，许多优秀的运动员常常会起小灶，找私人教练单独授课，以提高游泳的技术水平。我们经常会关注全国比赛及国际上的游泳比赛，看到他（她）们那娴熟的技能技巧，无不叹为观止。其实同样他（她）们在日常的训练中，经常不断地改进与完善游泳技术，一刻没有停息过。

教练员们要认识到游泳技术训练的重要性，考虑如何才能提高游泳运动成绩。我们不能把游泳教学与游泳训练分割开来，认为学会游泳可以参加游泳队，就不需要再学游泳技术了。在训练中还是要继续学习新的东西、难度更大的技术。完美的游泳技术是靠平时一点一滴积累起来的。因此，如何把游泳教学的思想融入到训练中去是我们研究的课题。

书的第四章将介绍100多个杂游。这些杂游都有不同程度的难度，这些杂游并不是每个游泳运动员掌握了蝶、仰、蛙、自四种姿势就能够做到，要把这些杂游当作新的技术来学习，平时要认真地多学多练才能做到。学习这些杂游需要有一定的意志力，对技术的要领要一丝不苟，否则不能掌握杂游的技术。把杂游的技巧，按技术的难易程度，巧妙地安排到对应的训练组里，放在有氧训练计划中去学习与练习，不但提高了体能，更重要的是提高了人在水中控制身体的各种能力，完善了四种姿势的技能技巧，普遍地提升了整个运动队的游泳技术水准，达到教学与训练一举两得的效果。

第四章 游泳艺术

感悟游泳艺术

人们都说，身材最好的当属游泳运动员。的确游泳运动属于全身运动，无论哪种游恣，几乎所有的肌肉群都参与运动，身体上的每一块肌肉安排的"称心如意"，运动员身上那特有的皮下脂肪，覆盖着肌腱，显得肌肉更加柔润，就连健美运动员也自比不如。游泳运动是健与美有机结合的艺术。

当运动员走向出发台那一瞬间，展现在人们眼前的游泳健儿，仿佛是一场健美比赛，是一场泳装表演秀，是艺术的展台。

当出发的笛声响起之后，你将看到的是从出发台一跃而起的一个一个矫健的游泳健儿，从他们的起跳，入水，轻松自如地在水中追逐波浪，沿着纵轴、横轴曲线，伴随着起伏旋律和动作节奏，真有"行云流水"的艺术感染力。

游泳健儿的展示，来自于他们从小在水中练就的一身"艺能"。他们从开始在水中戏水，有了安全感之后，开始学习在水平面游进，为了更好地表现游泳天赋，他们必须在水中克服重重阻力，学习各种控制身体的能力，像鱼儿一样，具有俯卧、仰卧的能力、还有侧向、侧俯卧、侧仰卧以及各种姿态相互灵活转换自如的能力。这些美丽的动作，流畅的线条，"气韵生动"，生动体现了技术和艺术的完美结合。

当今游泳是技术和力量的结合，技术是"线和点的结合"，无论是直线，还是曲线，线中有点，点间有线，点点相连，相互依存。它能使你游的更快，更富有美感，力量可以释放出能量的"美"，这样美好的运动可谓"游泳艺术"。

我喜欢游泳速写，这硬笔线条，随着"抑扬顿挫"，"轻重缓急"，"起承转合"，使你联想到游泳健儿在水中的各种动态，充分体现出"美"的思想。

要想画好游泳速写，首先离不开对人体解剖学的研究和理解，无论是动态，比例，肌肉，骨骼，体块等形态特征都必须掌握。游泳也不例外，为了掌握好在水中的平衡，也要对人体解剖学有所了解，也要掌握各种动态，比例，肌肉，骨骼，体块等的作用特征。

基于这些感想，体育运动本身就具有一定的艺术因素，为了掌握身体在水中的控制能力，就必须提高游泳技艺。

第一节 杂游

"杂游"，就是除了蝶泳、仰泳、蛙泳、自由泳以外的游法，也可以把它们看作是一种水中"艺术"形式，是一种艺术性的游泳。杂游艺术形式是"以不变应万变"，无论游法千变万化，万变不离其宗，万变不离身体的流线型与身体的平衡。

一、 杂游的重要性

游泳是一项特殊的体育运动项目之一。人体在水中运动时，身体任何一个部分的动作，都会牵动身体的"动"和水的"流动"，人要学会适应水性，熟悉水的特性，并且利用水的特性推着人的身体前进。通常我们的游泳比赛只有四种姿势，掌握完整的技术动作要经过多年刻苦的练习。

一个完整且复杂的动作，可以看成是由许多简单的分解动作组成。就自由泳而言，一个动作周期是由许多动作组成，首先以腰为核心，包括手臂在划水过程中不断地变换角度做螺旋曲线的下、外、内、后划水动作，肩关节不但绕纵轴左右转动，而且还绕横轴按顺时针不停地滚动，同时身体一直是在不断地绕纵轴滚动，而腿从不间断地上下左右打腿，头部也在有节奏地转动并呼吸，至少有十几个联合动作及几乎全身的肌肉群的参与。因此，我们可以把这四种姿势的完整动作看成是多个分解动作，也可以把这些分解动作合理地相互组合成某个动作。分别掌握的动作越多，身体在水中的<u>运动能力</u>就越强。<u>**如果说田径运动是体育运动的基础，或是各类体育运动的身体素质训练，那么游泳中的'杂游'就是游泳运动员水中的'身体素质'训练，掌握杂游技巧越多控制身体平衡的素质就越强**</u>。游泳运动员要像鱼一样，在水中运用自如，就必需<u>掌握在水中运动的各种能力</u>，协调地控制身体平衡。这也正是体现了"**游泳艺术**"的魅力。

　　游泳比赛中规定的四种姿势，需要运动员协调地并有节奏地，手脚并用拼尽全身的体力游进，优秀的运动员基本上可以做到这一点，但不是每个运动员都能够做到。有的人可能是手脚配合的不好，顾头不顾尾、有的人动作不够协调、还有的人左右力量不均匀、不能保持身体的流线型等等问题，正好这些杂游可以帮你解决这些问题，它用来专攻你的弱点，就好像医生给病人开处方对症下药一样，同样针对游泳中的错误动作也可以找到相应的杂游来给予'治疗'。杂游在某种程度上起到了矫正身体姿势的作用，不但对游泳的技术有所帮助，对身体的匀称发育也起到了"美感"的效果。

二、 杂游的分类

　　各种杂游，可按照不同的技巧归类如下：

　　纵轴滚动(Body Roll)技巧，缩写为 BR —— 围绕着纵轴左右转动的杂游技巧。

　　流线型(Streamlined)技巧，缩写为 ST —— 有助于提高身体流线型的技巧。

　　划水(Arms Stroke Technique)技巧，缩写为 AT —— 只划水不打腿，或打腿的同时用不同划水方式提高划水能力的技巧。

　　打腿(Kick Technique)技巧，缩写为 KT —— 只打腿不划水，或划水的同时采取不同打腿方式以提高打腿能力的技巧。

　　协调性(Coordination)技巧，缩写为 CO —— 提高游泳的节奏与身体协调性的技巧。改善中枢神经系统支配动作的协调能力。

核心力量(Core Power)技巧，缩写为 CP — 控制身体重心轨迹的稳定性与身体和四肢的平衡技巧。

水下缺氧(Hypoxic Technique)练习技巧，缩写为 HT — 主要提高水下动作技术及缺氧能力的技巧。

水感(Feel Water)技巧，缩写为 FW — 提高水感的技巧。

快频率(Frequency)技巧，缩写为 FR — 提高快节奏的技巧。

柔韧性(Flexibility)技巧，缩写为 FL — 有助于改善肌肉韧带柔韧性、关节的灵活性技巧。

追逐波浪(Wave Motion)技巧，缩写为 WM — 提高如何利用波浪的力学原理，节省能量代谢的技巧。

这些技巧有的容易做有的难做，因此，按难易程度(Difficulty) 分为：一级、二级、三级、四级、五级难度。缩写为 D1、D2、D3、D4、D5（参照附表）。

三、 柔韧性与游泳技术之间的关系

谈到了柔韧性我们又想到了鱼。鱼的柔韧性很好，可以发挥出高超的'游泳'技能。

许多研究资料表明，世界纪录创造者们，他们的肌肉力量，并不一定比其他的运动员强大，而他们的柔韧性相对优异。

在年龄组的多年训练中，我们常常发现这种现象；有的队员在 10 岁左右时游泳的技术很好，然而过几年却发现动作的协调性发生了变化，游泳的技术也不如以前，出现了很多错误的动作环节，不但影响了运动成绩，游泳的积极性也受到打击。究其原因应该是多方面的，由于少年儿童的生长发育，身体的内部结构以及身体形态的变化都会影响到游泳的技术提高。其中一个很大的原因就是肌肉韧带和骨关节的柔韧性的改变极大地影响游泳的技术发展。很多运动员不能忍受抻筋的酸痛感，常常放弃柔韧性的练习，以至于肌肉变得越发僵硬，导致游泳技能受到一定程度的限制。

柔韧性是指肩关节、髋关节、膝关节、踝关节和腰背部、以及附着在这些关节周围的肌肉韧带的柔软度和韧性。柔韧性好的队员，其表现于他（她）们的肌肉富有良好的弹性与关节灵活—具有一定范围的伸展空间。

柔韧性的好坏与游泳技术的改进有着密切地相关。肩关节柔韧性好的选手，划水、移臂时可以提高肩部高于水面而不至于影响到身体横向移动，并能够继续保持身体的流线型位置，手入水时，可以向前伸得更远，且相对的另一只手臂可以划水划的更远，从而两个肩轴前后拉开的距离就越大，那么两肩上下并向前交替地滚动的幅度（半径）就大，也就是说臂的划长就大。同样在仰泳中也适用（见图4-1）。对于蝶泳来说，肩关节柔韧性好的选手，在移臂时，可以保持头部较低的位置呼吸，而不至于影响身体的上下起伏过大，同时也容易找到最佳发力点，同样也可以增加划水的长度。在蛙泳中，肩关节柔韧性好的选手，在抱肘，夹水和手臂前伸时，由于裹肩可以缩小前胸对水的横截面积，减小阻力，还可以使手伸得更远，并且双手容易合拢，保持良好的流线型姿势，以增加划水效果。

a.自由泳

b.仰泳

C. 蛙泳　　　　　　　　　　　　d. 蝶泳

图4-1 肩轴的柔韧性在四种姿势中的作用

髋关节，膝关节，踝关节的柔韧性关系到蝶泳腿的质量，柔韧性好的选手，可以做出像海豚一样的动作，柔韧性差的，影响了肌肉间的协调用力，从而不能很好地发挥蝶泳腿的技术，蝶泳腿是游好蝶泳的关键。膝关节，踝关节的柔韧性，关系到所有四中姿势的打腿的技术质量。因为打腿的动作是从臀部肌肉开始发力，然后主要由大腿的股四头肌用力，带动小腿，直到脚的连贯地鞭打动作。如果膝关节太硬，影响到整个自由泳和仰泳的打水动作，踝关节太硬，就无法做出鞭打动作。膝关节和踝关节太硬，做蛙泳腿时，膝部就不能内收，脚也不能外翻做鞭状的蹬夹腿动作。

　　背部的柔韧性，直接影响到腰，背，腹部的协调用力，控制身体姿势主要靠它，因为它是控制身体的核心力量的源泉，而核心力量，是平衡身体始终按照流线型的身体姿势游进的关键。有关核心力量的杂游练习，以后我们会讲到。背部的柔韧性，对蝶泳运动员来说至关重要，我们上面讲到了鱼，如果鱼的脊柱很硬，那么鱼还能游得动吗？好的蝶泳运动员游起来就像鱼的脊柱一样，很柔和地，自然地，协调地摆动，游起来就会很轻快（鱼与蝶泳的游进路线都是曲线）。

　　因此，关节韧带与肌肉的柔韧性关系到游泳的技术和肌肉的协调性，必须引起足够的重视。而且12岁以下年龄组的少年儿童是提高柔韧性的最适宜年龄，切不可错过这一良好时机。

　　肌肉中的微纤维是影响柔韧性的主要因素。什么是微纤维？微纤维是一种轻微受伤的肌肉组织，它处于正常肌肉组织和受伤肌肉组织之间。游泳运动员长期以来承受大运动量训练，特别由于技术的不正确和过渡训练，肌肉中就会形成这种微纤维。为了防止微纤维的出现，除了调整适当的运动量，改进技术之外，要每天做肌肉韧带的牵拉练习和肌肉按摩，使肌肉中的微纤维得以吸收（文献4）。

第二节 杂游实例及其功能

  著名游泳教练波默(Boomer)认为；"游泳运动员必须学会以不同的方式在水中运动"（文献7）。我认为"杂游"就是游泳运动员水中的**身体素质练习**。下面将要介绍的杂游中，部分是以前就有的（动作要求上有一些区别），部分是自己摸索出来的，我只是在这里按照我的设想把它们总体归纳起来，有利于实际应用。而且这些年我一直使用这些杂游帮助需要的人。在做杂游练习的时候，一定要按照杂游的技术要求去做，就把它当作是一种新的姿势来学习，尽量不去想蝶、仰、蛙、自的技术动作，以免受到相互干扰，影响学习杂游的效果与质量。首先教练员要做到，头脑清晰，目的明确，才能教会学生们怎样学好杂游。在做杂游练习时，学生不免会出现四种姿势的影子，教练员要及时给予纠正，这样才能达到学好杂游的目的，掌握好在水中没有固定支撑的身体控制能力，这种能力越强对四种姿势的帮助就越大。

一、 自由泳的杂游技巧

自由泳联接游 —— 二级难度

练习目的：
  改善划水技术。对于划水路线过短的学生有助于改进划水长度。提高打腿能力，特别对于打腿停顿的学生，有助于改进打腿节奏。提高身体流线型姿势。对于身体扭曲的学生，有助于改进头部和臀部侧向摆动的毛病。也可以改善纵轴滚动技巧。

练习方法及要领：

一臂划水，一臂前伸与身体成一条直线，保持流线型姿势，划水路线越长越好，划水结束后，拇指触及大腿外侧部位后迅速移臂，中间不能有停顿。移臂可采取直臂向上方破水而出，也可采取提肩提肘曲臂移臂。移臂结束后，手的入水点是肩的延长线的最远端，或触及另一只手的手背位置。然后交换手臂继续下一个动作。

对初、中级的学生，要求一次划水一次呼吸。对高级班的学生，除了练习一次划水一次呼吸之外，还可以练习三次划水一次呼吸，但必须做到左右两边都能呼吸。

打腿的要求是，划水时中速打腿，移臂时，快速打腿。呼吸时，头部紧贴另一只手臂，如果能做到嘴贴近水面，一只水镜露出水面呼吸最佳（图4-2）。呼吸的同时转肩，根据要求身体沿纵轴转45-90度角之间。移臂的要求是，对初、中级班的学生或基础较差的游泳队成员，要求手臂直上直下，避免手臂从身体的侧面画弧移臂。对高水平的运动员，可以选择高肘曲臂移臂，但也要避免手臂从身体的侧面甩出。

这个练习是自由泳最重要的杂游之一。

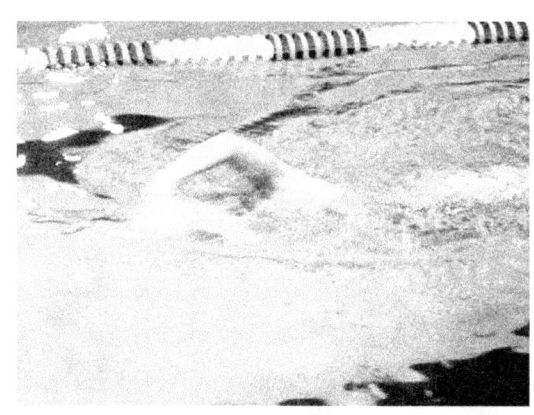 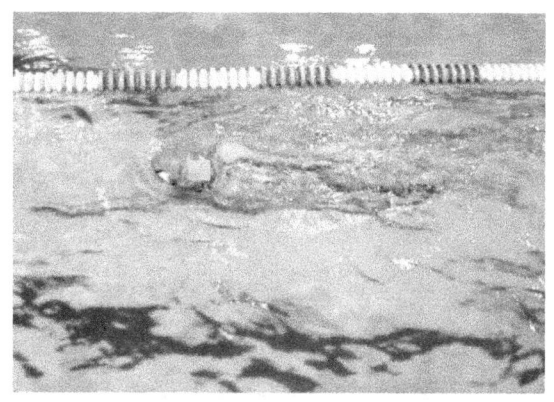

图 4-2 自由泳联接游　　　　　　　　图 4-3 自由泳侧向打腿

<u>**侧向打腿**</u> —— 一级难度

练习目的：

保持身体的流线型。增进沿纵轴滚动技术。提高侧向打腿技巧。

练习方法及要领：

身体侧卧接近 90 度，像鱼的身体位置，做侧向自由泳打腿，为了增加水感，打腿幅度稍大于正常打腿。头部尽量紧贴手臂，头部的位置可以采取呼吸器官一直露出水面，头保持静止不动，头部也可以采取上下转动，水中呼气转头吸气的方法，但中间不能改变身体位置（图 4-3）。

侧向打腿的方法很多；1、25 码左侧，25 码右侧。2、10 次左 10 次右轮换打腿练习。3、还可以采取 10 次-8 次-6 次-4 次不等打腿次数交替练习。4、8 次左侧腿 3 次手 8 次右侧腿。对于初学者采取 25 码换边式比较有利于侧向打腿的稳定性，待掌握好侧向打腿后，再加上沿纵轴滚动式交替打腿练习。

这个练习是自由泳重要的杂游之一。

流线型打腿 —— 三级难度

练习目的：

保持身体的流线型。提高顶肩和手臂伸展的能力。提高打腿能力。有利于改进呼吸时打腿停顿或减速的不良习惯。

练习方法及要领：

打腿时始终保持手臂合掌水平前伸，抬头吸气时，手臂尽最大努力保持在水平面不动，整个打腿过程，始终保持身体的流线型。可采取 8 次腿一次呼吸，中级班的学生可以采取 4 次或 6 次腿一次呼吸，游泳队的选手也可以采用 10 次以上次数打腿，但不要闭气，慢慢呼气打腿（图 4-4）。初级班的学生不宜练习。

图 4-4 流线型打腿

图 4-5 抬头打腿练习

抬头打腿 —— 五级难度

练习目的：

增进打腿速度。有助于提高腰背伸展的能力。提高顶肩和手臂伸展的能力。提高身体位置。

练习方法及要领：

打腿时始终保持抬头。身体位置尽量高抬。手臂尽量保持顶肩、前伸，尽量不要做向下压水的动作。用最快频率打腿（图4-5）。但是对年幼的小运动员，手臂前伸的同时可以做小幅度外划与内划的8字划。初、中级班的学生不适宜练习。

头领先打腿 —— 四级难度

练习目的：

改善平衡能力。提高打腿功效。有助于身体流线型。

练习方法及要领：

手臂位于体侧并紧贴身体，也可做倒背手。8次腿1次呼吸。也可以少于8次或多于8次打腿一次呼吸，适情况而定。吸气时，保持高速打腿，不得改变手臂的位置。呼气时，下颌微内收，保持头顶部顶着水打腿（图4-6）。难度要求，打腿力度，始终打出水花。

图4-6 头领先打腿

头领先抬头打腿 —— 五级难度

练习目的：

提高平衡能力。增大打腿力度和加快打腿频率，增强背部肌肉的张力。提高身体的水平位置。

练习方法及要领：

手臂位于体侧，并且紧贴身体或倒背手。打腿时始终保持抬头。要求下颌前移，够着水平面的感觉（图4-7）。尽最大努力打出水花。

头领先滚动式打腿 —— 五级难度

练习目的：

提高身体的平衡能力。增进打腿功效。有利于提高打腿的协调性。保持身体的流线型。改善沿纵轴线滚动技术。

练习方法及要领：

手臂位于体侧并紧贴身体。开始做俯卧6次腿后身体转向右侧吸气并做6次侧向打腿，然后身体还原成俯卧继续进行6次打腿后，身体转向左侧吸气并做6次侧向打腿，然后重复动作（图4-8）。

要求在整个打腿过程中，不得改变身体的流线型位置，侧向呼吸时，头部不能主动转动（在整个打腿过程中），头部随着身体的转动而转动，不能先转头后转身体。侧卧打腿和俯卧打腿的切换要流畅，不能停顿打腿和减缓打腿频率。

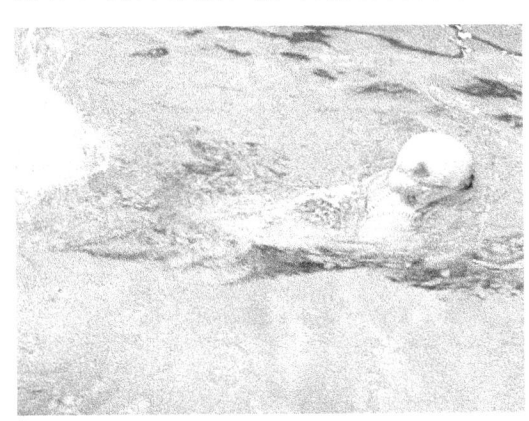 

图4-7 头领先抬头打腿　　　　图4-8 头领先滚动式打腿

绕纵轴滚动划水 —— 五级难度

练习目的:

提高身体的平衡能力。找到最佳划水发力点与划水路线。保持身体的流线型。改善纵轴滚动技术。

练习方法及要领:

划水时,两腿并拢并与身体保持在一条直线上。开始做这个练习时,有厥屁股,两腿左右摆动,或两腿下沉的现象,所以要求挺胸拔背不得有收腹的动作,两脚脚尖绷直,最关键的是,身体的转动,一定要把全身作为一个整体体块一同转动。骨盆部位一定要跟着转动,才能改进厥屁股和两腿的左右摆动的毛病。划水的同时,身体开始沿纵轴转动 80-90 度,呈鱼状(图 4-9)。如果身体能始终保持流线型,你就找到了适合你的最佳划水路线,也就找到了作用身体重心的发力点,也就提高了水感。这个练习充分体现了作用力与反作用力的关系。

练习方法可以采用双臂也可以采用单臂划水,也可以采取联接游的方式。使用单臂时,也可采用一臂前伸呈流线型,也可一臂置于体侧,但如果采用一臂置于体侧,呼吸一侧应与划水手臂一侧正好相反。单臂的难度更大,只有当双臂做得很好的前提下才能开始做单臂练习。对年龄较小的或初学这个动作的学生可以使用脚蹼或浮漂(Pull Buoy),以提高身体重心的位置。

这个练习是自由泳重要的杂游之一。

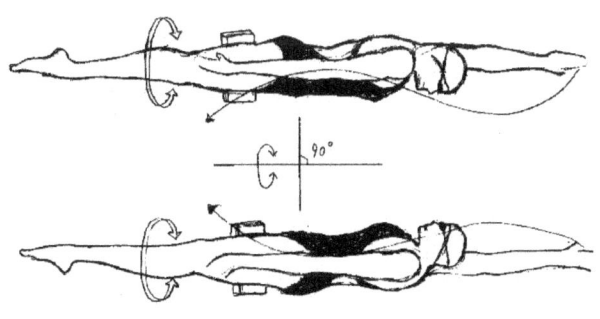

图 4-9 绕纵轴滚动划水(鸟瞰)

<u>侧向打腿及指尖滑水联接移臂</u> —— 二级难度

练习目的：

改进身体的流线型姿势。增进纵轴滚动技术。提高侧向打腿的能力和高肘移臂技术。改善肩部的柔韧性。改善手臂沿纵轴移臂技术。

练习方法及要领：

一臂保持流线型，一臂划水，同时身体沿纵轴转动 90 度。划水结束后手臂保持在身体一侧不动，做四次或六次侧向打腿，然后做联接式移臂。移臂的动作是提肘提肩做提拉的动作，手指尖始终不离开水平面，手指头在水平面上滑水直到触及到另一只手的位置为止，然后另一只手臂开始划水。

要求在整个练习中不得停顿打腿，侧向呼吸时头部贴紧手臂，保持良好的流线型姿势（图 4-10），移臂时，前臂和手一定要放松，手指尖的滑水尽量走直线。

第二种方法是**触耳联接游**。一臂保持流线型，一臂划水，推水结束后提肘提肩，手指尖不离开水，沿着身体（纵轴）前拉，直到手指尖触及耳部，停留片刻再继续移臂至另一手的位置（图 4-11）。

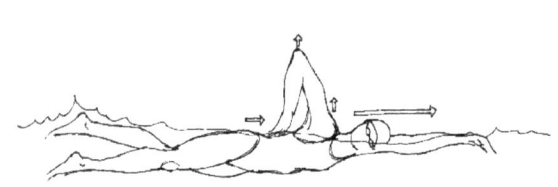

图 4-10 侧向腿指尖移臂

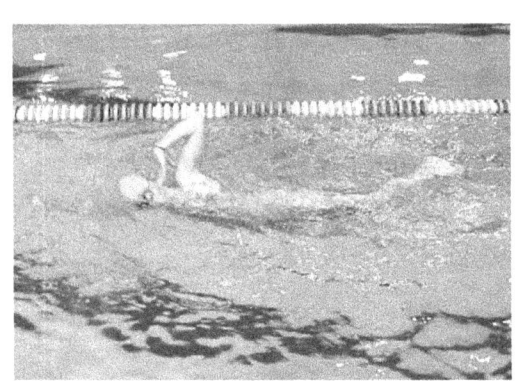

图 4-11 指尖触耳联接游

单臂自由泳 —— 二级难度

练习目的：

提高身体的平衡能力。找到最佳划水发力点。增进纵轴滚动技术。提高打腿能力。

练习方法及要领：

想象单臂残疾人游泳的情景。单臂划水时必须加快打腿速度才能为控制身体的平衡创造有利条件。

方法可采用一臂前伸呈流线型姿势，也可一臂置于体侧。采用一臂置于体侧时，呼吸应该是，当右臂入水并下划时，头向左边转动并吸气。划水时，身体沿纵轴转动 45-80 度。角度转动越大难度也就越大。

3-3-3-3 单双配合 —— 二级难度

练习目的：

提高身体的平衡能力与协调性。找到最佳划水发力点。增进纵轴滚动技术。改进打腿的节奏。

练习方法及要领：

单臂与双臂配合练习，即三次右单，三次双，三次左单，再三次双，然后重复。因为，单臂划水和双臂划水平衡能力不同，单双臂配合练习有利于提高动作的协调性，也有利于感觉单双臂划水的区别，一旦练习多了这种区别的感觉减弱，说明动作更加协调。单双臂划水时的身体转动的角度尽量保持一致，划水的速度也不要忽快忽慢，找到身体平衡的感觉。

蛙泳手自由泳腿 —— 二级难度

练习目的：

改进打腿节奏，加快打腿频率。提高身体的协调性和平衡能力。特别是有助于改进自由泳呼吸时，打腿停顿的不良习惯。

练习方法及要领：

要求游蛙泳手的同时，始终不停顿地做自由泳打腿，且不改变打腿幅度与频率（图4-12）。注意，多数人做这个练习在呼吸的时候，减缓打腿或做一次蝶泳腿，教师一定要强调，不得改变打腿方式和打腿节奏。

图 4-12 蛙泳手自由泳腿　　　　　　　　图 4-13 蝶泳手自由泳腿

蝶泳手自由泳腿 —— 三级难度

练习目的：

改进打腿节奏，加快打腿频率。提高身体的协调性和平衡能力。特别是有助于改进，自由泳呼吸时，打腿停顿的不良习惯。

练习方法及要领：

要求游蝶泳手的同时始终不停顿地做自由泳打腿，且不改变打腿幅度与频率（图 4-13）。要求同上。

向后划出水花 —— 二级难度

练习目的：

完善划水技术。加大划水长度与提高划水的加速度。并增强推水力度和推水的水感。改进手臂提前抽出水的错误动作。改进划水后程手掌提前转动，把抱住的水溜掉的习惯动作。

练习方法及要领：

完成抱水后，开始加速划水，并将手臂和手中的水向后用力推出水面。注意要合理地利用惯性和加速度运动，且不可为做而做，故意把水向上撂出。要合理地运用手腕的力量，好像投球动作，把球投出去的同时，手腕借助惯性有一个甩腕的鞭打动作。推水动作完成后，手心应向上偏内侧（图 4-14），推水结束后，手掌开始外旋。

这个练习是自由泳重要的杂游之一。

图 4-14 向后划出水花

慢游快打腿 —— 二级难度

练习目的：

完善 6 次打腿技术。改进自由泳不重视打腿的现象。改变手脚配合的节奏感。改进呼吸时打腿停顿的现象，同时也完善了划长。

练习方法及要领：

放慢划水速度，手臂做匀速运动，手臂尽最大努力伸展，全力高速打腿。大约一个动作周期 8-10 次打腿。要求呼吸时，打腿不得减速。刚开始练习时，看上去有些不太协调，多练后就协调自如了。

这个练习是自由泳最重要的杂游之一。

指尖滑水自由泳 —— 二级难度

练习目的：

改善拉肩高提肘的移臂技术。

练习方法及要领：

推水完毕后，拉肩提肘，手指尖始终不离水面，好像手指在水上滑水一样（图 4-15），防治手臂提前入水。

要求移臂的过程手臂不要远离身体，弧线不要画得太大。由于拉肩提肘，使得身体自然地沿纵轴滚动，但要注意保持身体的流线型，头不要因手臂贴近身体而下意识地摆动。

这个练习与以上的指尖滑水联接游的区别在于，两臂划水的连贯性，身体转动角度较小，打腿同自由泳但不强调侧向打腿。相同点是强调高肘。

图 4-15 提肘指尖滑水

肩伸展联接游 —— 三级难度

练习目的：

改善肩部的柔韧性，提高控制在身体容易变形的情况下仍然保持流线型位置的能力。纠正手臂抬不起来的习惯动作。

练习方法及要领：

一臂保持流线型，一臂划水，推水结束后，直臂提起至最高点后并向身体的另一侧放臂拉肩，手要触及身体另一侧的水面，身体呈鱼状，此时两手臂之间的角度应为90-130度之间（图4-16），肩部应有充分的牵拉感觉。手触水后，略提臂还原至身体体侧推水结束的位置，然后做移臂动作至另一手的位置。肩部柔韧性好的运动员，当手触及身体另一侧水面时，身体不至于翻转超过90度。不管手是否触及身体另一侧水面，身体的翻转都不应该超过90度，以免破坏身体的平衡，使动作变形。

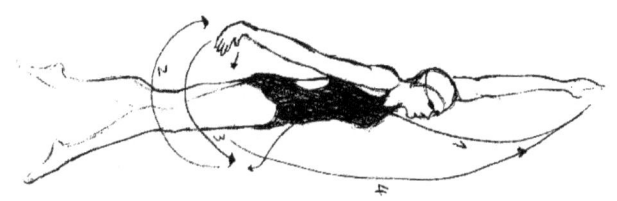

图 4-16 肩牵拉联接游（鸟瞰）

<u>四面打腿</u> —— 四级难度

练习目的：

  提高身体的流线型姿势及身体的平衡能力。改善打腿的技能。有利于纵轴滚动技术的提高。

练习方法及要领：

  四面指的是，仰卧面，右侧面，平卧面，左侧面（图 4-17）。每一侧面做四次打腿，先从仰卧面做起，然后按顺时针迅速换面，这样做四面交替流线型打腿。要求只能在仰卧面打腿时吸气。

  有两种方法；1，可先做两手臂上举呈流线型姿势打腿。2，也可以加大难度做两手臂位于体侧做头领先四面打腿练习。要求切换面时不得停顿打腿，手臂至于体侧时，手臂不得随身体的转动而移动，头部要随着身体的转动而转动，如若做不到固定头部的话，应该先做两臂上举固定头部的练习方法。

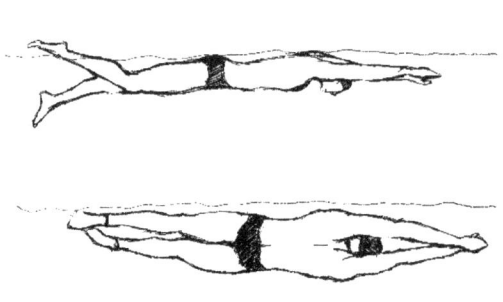

图 4-17 四面打腿　　　　　　　　图解

八次腿一次手 —— 二级难度

练习目的：

　　提高自由泳打腿的能力。有利于改善呼吸时，打腿停顿的现象。提高顶肩，手臂伸展的能力，以及改进只依赖于打水板打腿的习惯。

练习方法及要领：

　　在水平面做八次流线型打腿，然后做一次划水并呼吸，左右交替。要求在整个练习过程中，始终保持身体的流线型姿势，呼吸的同时，身体转动 30-45 度。也可以使用脚蹼做这个练习。打腿可采取俯卧或侧卧两种方法。这个练习适用于年龄小一点的队员。

6666 打腿 —— 一级难度

练习目的：

　　提高上下打腿和侧向打腿的能力及打腿时身体的转动能力。保持身体的流线型。

练习方法及要领：

平卧打腿 6 次后，1 次划水，同时身体向左转动 90 度角，做 6 次侧向打腿，然后移臂再做平卧打腿 6 次后，1 次划水，同时身体向右转动 90 度角，做 6 次侧向打腿，然后重复。要求始终保持身体的流线型，做平卧打腿时不做呼吸。要求身体切换时，不停顿打腿。

12 次水下打腿+1 次划水 —— 一级难度

练习目的： 提高腿对水的水感与水下打腿的技术。改善缺氧能力。保持身体的流线型。

练习方法及要领：

蹬离池壁后，做 12 次水下打腿，然后呼吸，并做 1 次划水，再潜入水下做 12 次流线型打腿。要求潜水不要太深，打腿开始后的第 8 次腿，逐渐接近水面，划水呼吸后逐渐潜入水中，不可有改变身体流线型的明显动作。打腿时慢慢呼气，年龄稍大一点的学生可做 12 次以上打腿，视情况而定。较小年龄的队员不适宜这个练习。

3-5-7 改变划水次数游 —— 二级难度

练习目的：

在不改变划水节奏的前提下，改进不同的呼吸节奏，增强吸氧量和缺氧游的能力。改进划水技术。

练习方法及要领：

先是每 3 次划水呼吸一次，然后再是每 5 次划呼吸一次，然后再是每 7 次划水呼吸一次。要求不得改变划水和打腿的节奏，不得闭气游。在划水不呼吸的情况下，可以看到自身的手臂水下划水路线是否正确，自我纠正并完善划水技术。较小年龄的队员不适宜这个练习。

单腿打腿 —— 三级难度

练习目的：

提高打腿能力，改进打腿停顿的毛病。改善协调性。有益于两腿力量的均匀性。

练习方法及要领：

手扶打水板，一腿弯曲90度并露出水面，另一腿猛力打水（图4-18）。要求两腿的膝关节之间是一拳之隔，弯曲腿的大腿与小腿的角度小于或等于90度。方法可采用25码左25码右，力量差一些的学生，也可以采用6次左6次右交替打腿，循序渐进。左右腿力量不均匀的队员可以多练习弱侧腿。

图4-18 单腿打腿　　　　　　图4-19 单腿自由泳

<u>**单腿自由泳**</u>　——　四级难度

练习目的：

改善动作的协调性、灵活性。更重要的是提高打腿能力。特别是针对一腿强一腿弱的人更应该多练习。改进打腿停顿的毛病。

练习方法及要领：

腿的方法同上，再加上两臂的划水（图4-19）。因为，只有一腿打腿，没有选择，必须打腿，故改进弱侧腿的打腿能力。注意动作的协调，不能因为一腿打水而乱了两臂的划水的节奏。

单手划水或双手划水，单手划水时另一只手臂保持流线型或置于体侧。左腿打腿右腿弯曲，小腿上举绷脚尖。可采取25码左右轮换，也可采取五次左腿五次右腿。要求动作协调，打腿速度越快越好。提示：控制好两膝关节的距离，大约一个拳头左右，距离不要忽大忽小，以免影响动作的协调性。

<u>抬头游</u> —— 五级难度

练习目的：

增进高速打腿，划水能力及身体的平衡能力。有利于提高短距离游泳的速度。

练习方法及要领：

头抬出水面，头顶尽量向上顶。有能力的话，上体也尽量露出水面，身体的位置越高越好。手臂弧形入水，入水后即形成抱水状，迅速将水向后推去。想象中好像狗的两个前爪快速刨土的动作（图4-20）。要求直线高速划水不需做S型划水，以加快划水的频率。高年级的学生尽量用手掌与前臂直线划水，尽量不用上臂划水。要求眼视前方，头部不要左右摆动。要求打腿尽量打出水花，不要在水下打腿。这个练习的长度一般在10-20码。不适宜低年级的学生练习。

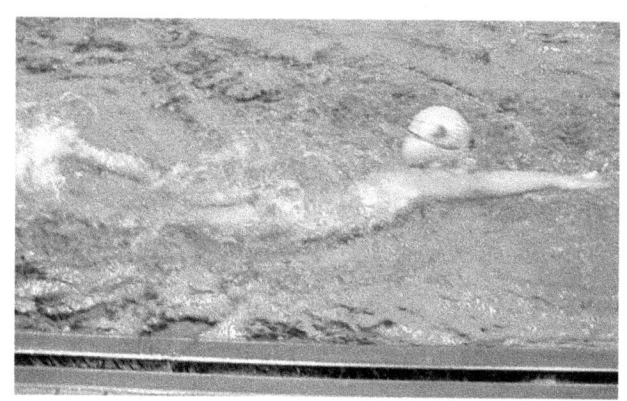

图 4-20 抬头自由泳

<u>握拳游</u> —— 一级难度

练习目的：

增强前臂划水的感觉，自觉地提高高肘划水技术。对打腿也有一定的帮助。

练习方法及要领：

握拳游泳，忘掉手掌的作用，想象前臂划水的负荷感觉。要求双拳紧握，高肘划水。

半联接游 —— 一级难度

练习目的：

巩固流线型身体姿势。呼吸时，手臂暂时固定了头的位置，对改进身体扭动的学生有益处。对打腿也有一定的帮助。

练习方法及要领：

手臂移臂后，前伸停一两秒钟，待呼吸时看到另一只手臂移至肩的上方时，另一臂再开始下划水（图4-21）。要求呼吸时，头部贴紧手臂，迫使手臂伸直呈流线型，并且可以固定头的位置。

练习可以采用，一次手一次呼吸，也可采用，三次手一次呼吸，也可以采用，两次手——两次手——三次手——两次手——两次手——三次手的混合式呼吸方法，总之，尽量习惯左右都能够呼吸。

这个练习是自由泳重要的杂游之一。

图 4-21 半联接游

最少数量划水 —— 二级难度

练习目的：

减少划水次数，增大划水实效。有利于划水长度和6次打腿技术的巩固。自然而然地保持身体的流线型。

练习方法及要领：

将你的划水次数降低到最低限度。如 50 码自由泳的划水次数是 43 次手，那么你要去试 40 次，38 次，36 次…，但要避免节奏有断层，手臂交替划水中间不能有停顿现象出现，就是说划水的次数要降到以不至于改变划水的节奏为准。

这个练习是自由泳重要的杂游之一。

最多数量划水 —— 二级难度

练习目的：

增加划水次数及划水速度。有利于提高划水频率及神经系统快速传导能力。

练习方法及要领：

将你的划水次数提高到最高限度。如 50 码自由泳的划水次数是 43 次手，那么你要去试 45 次，46 次，47 次…。提示：在不影响划长的条件下快速划水。

鱼游 —— 三级难度

练习目的：

提高身体的平衡能力，改善划水实效和身体滚动技能。

练习方法及要领：

一般自由泳身体转动 45 度，这个技巧的练习，要求身体转动 80-90 度。转动 90 度时身体位置像鱼的姿势（图 4-22）。匀速划水，发力点要找准，身体转动要迅速，不能拖泥带水。切换打腿时不能出现停顿的现象。当身体转至 90 度时，为了能使身体平衡，手向下划的时候，一定能找到合适的划水角度，否则身体失衡，因此做这个练习有利于找到水感。提示：划水的同时以腰腹的力量带动身体转动。

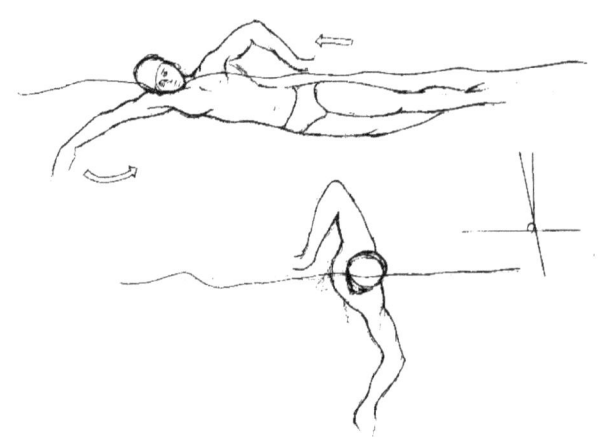

图 4-22 鱼游

抬头划水 —— 五级难度

练习目的：

　　提高划水频率和臂部的爆发力。提高身体的浮力及平衡能力。改进后程划水的能力。

练习方法及要领：

　　高抬头，眼视前方。高频率划水，不打腿。划水的时候两腿托在后面，但不要下沉，身体位置越高越好。划水方法应该是，手臂插入水中直接形成抱水姿势，然后划水推水。这个练习的长度不能超过 15 码。这个练习属于力量性练习，适合高年级学生。

抬头手做摇橹式打腿 —— 三级难度

练习目的：

　　提高打腿能力的同时增强手掌对水的感觉。

练习方法及要领：

　　抬头做自由泳打腿的同时，两臂前伸，并且两手掌心对准水，像摇橹似的画两个 8 字（图 4-23）。

图 4-23 抬头摇橹式打腿

闭气游 —— 一级难度

练习目的：

改善划水技术、提高无氧能力、流线型。

练习方法及要领：

闭气自由泳可以快游也可以慢游。快游可以提高动作周期的频率，短冲时可以练习。作为杂游，主要以慢游为主。要求降低划水频率，手臂前伸注意划长，体会肩带肌群的伸展与收缩，因为手臂产生的全部推动力取决于肩胛有一个稳固的支撑基础（肩胛稳定肌群：胸小肌、菱形肌、肩胛提肌、斜方肌下部和前锯肌）。闭气时眼睛看下方并检验手臂划水路线是否正确。提示：体会加速划水。高年级的队员可以使用呼吸管（Snorkel）。

二、 仰泳的杂游技巧

联接游 —— 一级难度

练习目的：

提高打腿能力。提高肩关节的伸展能力。保持身体的流线型。做单臂动作可以集中精力划水，有利于划水技术的提高。

练习方法及要领：

一臂划水一臂成流线型，一臂划水完成后再进行另一臂的划水。采取中速且不停顿打腿（图 4-24）。移臂时，身体沿纵轴转 45 度角以上。要求移臂的手臂，直上直下，手尽量上够，使肩部露出水面，避免侧向画弧移臂。整个过程尽量保持身体的流线型姿势。

对初学者这个练习是仰泳最重要的杂游之一。

图 4-24 仰泳联接游　　　　　　　图 4-25 仰泳一手上举打腿

一臂上举打腿　——　四级难度

练习目的：

改善身体的平衡力和浮力，增强腰背力量，加大打腿力度。

练习方法及要领：

一臂保持流线型姿势，一臂上举（前平举）做仰卧打腿（图 4-25）。可以采取三种方式，1，平仰卧；2，45 度侧卧；3，伴随着身体转动，平仰卧 3 秒侧卧 3 秒。要求挺胸拔背，高速打腿，尽量不使臀部和头部下沉，注意头不要转动。

两臂上举打腿　——　五级难度

练习目的：

改善身体的平衡力和浮力，增强腰背力量，加大打腿力度。

练习方法及要领：

两臂上举做仰卧打腿（图 4-26）。要求挺胸拔背，高速打腿，尽量不使臀部下沉。初学者不适宜做这个练习。

图 4-26 两臂上举打腿

最少划水次数 —— 二级难度

练习目的：

加快打腿速度、改善仰泳的节奏、提高手臂划水的实效、提高身体沿纵轴转动能力。

练习方法及要领：

将你的划水次数降低到最低限度。如 50 码仰泳的划水次数是 41 次手，那么你要去试 40 次，38 次，36 次…，但要避免划水过程中有断层现象，两臂的划水周期要连贯并协调，划水的次数以降低到最低限度也不至于改变划水的节奏为准。

这个练习是仰泳重要的杂游之一。

最多数量划水 —— 二级难度

练习目的：

增加划水次数及划水速度。有利于提高划水频率及神经系统快速传导能力。

练习方法及要领：

将你的划水次数提高到最高限度。如 50 码仰泳的划水次数是 41 次手，那么你要去试 43 次，44 次，45 次…。提示：在不影响划长的条件下快速划水。

头领先沿纵轴滚动打腿 —— 三级难度

练习目的：

提高身体沿纵轴滚动效果及改善上下打腿与侧向打腿的切换能力。对身体的平衡能力也有一定的帮助。

练习方法及要领：

两臂位于体侧，身体沿纵轴左右上下转动交替打腿。要求身体绷直，两臂伸直不动。身体转动时不能停顿打腿（图4-27）。注意头不要转动。身体的转动角度大约为60-80度之间，身体转过来后，应停留1-2秒钟，此时，可以看到整个手臂露出水面，肩部应是最高点。

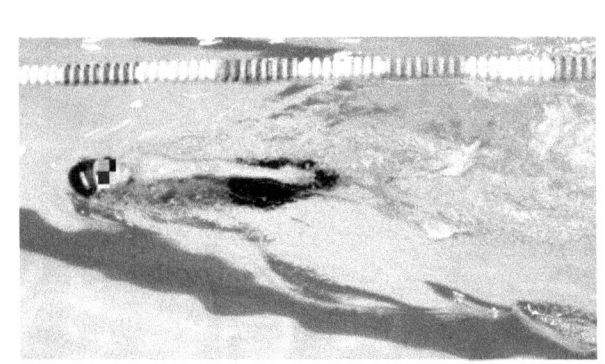
图4-27 头领先滚动式打腿

图4-28 纵轴滚动式划水

沿纵轴滚动式划水 —— 五级难度

练习目的：

增进划水实效。提高身体沿纵轴滚动效果及保持身体流线型能力。对提高身体的平衡能力极为有效。

练习方法及要领：

不是普通的仰泳划水。两大腿之间挟一个浮漂（Pull buoy），可根据自身的浮力选择浮漂的大小，高水平的队员可以不用浮漂。要求划水有一定的深度，身体转动80-90度呈现鱼状，整个身体（头部除外）在划水过程中不能脱离纵轴（图4-28）。

要点：两腿绷直。挺胸拔背。收腹收臀。使整个身体成为一个整体，不得有松散的部位。动作不要太快，循序渐进。

快速打腿游 —— 一级难度

练习目的：

提高快速打腿能力。对身体的流线型有帮助。改善打腿慢或停顿打腿的不良习惯。

练习方法及要领：

划水节奏慢打腿节奏快。一个划水周期打腿 8-10 次，然后逐步过渡到 6 次腿。要求快速打腿时，匀速划水，中间不能停。动作要协调。

这个练习是仰泳重要的杂游之一。

3-3-3-3 单双配合游 —— 一级难度

练习目的：

改善身体的协调性。提高身体沿纵轴滚动效果及身体的平衡能力。改进划水效果。改善游泳的趣味。

练习方法及要领：

3 次右臂 3 次双臂 3 次左臂 3 次双臂划水，然后循环下一个动作。单臂划水身体比较容易转动，划水也有一定的深度，因此要求单臂划水时，身体转动 70-80 度角，当做 3 次双臂时不得改变身体转动的角度和划水深度。整个动作要显得协调。提示：手臂做移臂上举时，肩部露出水面。

深划水游 —— 二级难度

练习目的：

改善划水实效并增进侧向打腿的能力。提高身体沿纵轴滚动效果及两肩绕横轴向前滚动效果，同时提高控制身体的平衡能力。

练习方法及要领：

划水时身体转动 45-90 度角。划水越深越好。要求手入水后直接向下划，此时身体位置接近鱼状，一肩露出水面一肩在水的深处，两肩连线正好是与水平面交叉的垂直线（图 4-29）。

图 4-29 深划水游

握拳游 —— 一级难度

练习目的：

改进高肘划水技术。强化臂部的水感。提高打腿的力度（降低划水速度的同时就是提高打腿的力度）。

练习方法及要领：

握拳高肘划水。体会前臂和肘部对水的感觉。练习方法有两种，一种是打腿加握拳游，另一种是不打腿握拳游。后者有一定的难度，比较适合高年级的学生。

提示：想象中手不存在只有臂部划水的感觉。

坐姿游 —— 五级难度

练习目的：

提高划水频率及打腿速度。改善神经系统的转换能力。

练习方法及要领：

从身体姿势来看，好像坐在水中。上体尽量露出水面，提高臀部位置，眼视脚打水的地方。高速打腿，尽最大努力打出水花来。手臂直上直下，抡圆了向水中劈入，犹如劈波斩浪之势。划水要求，以手和前臂划水为主（图4-30）。这个练习比较适合高年级的学生，为了提高划水频率低年级的学生也可练习，但可能达不到动作要求。

这个练习是仰泳重要的杂游之一。

图 4-30 坐姿劈水仰泳

坐姿仰泳

一臂上举游 —— 二级难度

练习目的：

　　提高平衡能力及腰部力量。提高划水深度及身体沿纵轴滚动技术。还可以提高打腿力度。

练习方法及要领：

　　一臂上举，手指向天花板，另一臂划水做联接游。要求身体沿纵轴滚动 80 度左右，手划水越深越好，手上举越高越好。另外要求划水结束移臂至另一臂时，两拇指相触，这样可以保证手臂向上方移动，而不是从侧上方移臂。方法可以采取 25 码左 25 码右，也可 5 次左手 5 次右手，还可采取 1 次左 1 次右，还可以当移臂至两拇指相触时，需停留 1-3 秒钟以加大打腿力度。还可以采取两臂同时移动的方法，一臂上举一臂处于流线型位置，打腿三秒钟后一臂划水同时一臂移臂，两臂至起始状态，不同的是左右臂交换了位置，两臂不动再停留三秒钟，然后继续下一个动作。提示：两臂之间的夹角始终保持 90 度。

半联接游 —— 一级难度

练习目的：

　　有利于保持身体的流线型。改进手臂在体侧停留的不良习惯，也是从联接游过渡到正规游极好的练习方法，对初学者有较大的帮助。

练习方法及要领：

手入水后,做暂短的停留,保持流线型位置,待另一臂移臂至中间(手指天花板)时,开始划水。要求划水结束后迅速提臂出水不得在体侧停留,要养成这个良好习惯。

这个练习是仰泳重要的杂游之一。

头平衡游 —— 二级难度

练习目的:

改进身体在游进中的平稳性。对头转动过大或身体上下跳动的不良习惯有所纠正。

练习方法及要领:

在额头上放置一个物体游仰泳,而不使该物体掉入水中。要求头不能有丝毫转动,保持身体平稳地躺在水中(图4-31)。要求平稳的打腿和划水节奏,不得忽快忽慢,忽大忽小。额头上放置一个物体可以由易到难,先是放一个水镜,一枚硬币到一只水杯。速度掌握由慢到快,划水由浅入深的提高过程。这是一个很好的仰泳基本功训练。

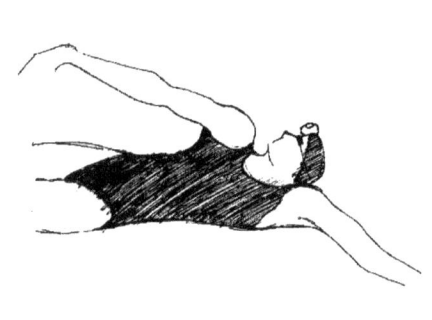

图 4-31 头平衡游

图 4-32 仰泳侧向打腿

侧向打腿 —— 二级难度

练习目的:

提高侧向打腿技巧。改善身体流线型位置与平衡能力。

练习方法及要领：

做侧向打腿时，身体保持在 45-85 度角之间。打腿的幅度要大一些，腿要踢满（图 4-32）。身体始终保持流线型位置。一肩始终保持露出水面。要求眼睛盯住天花板，头部不得随着身体的转动而转动。练习可做 25 码左 25 码右，也可左 8 次打腿右 8 次打腿交替。

单臂游 —— 二级难度

练习目的：

提高划水实效及打腿力度。提高划水深度及身体沿纵轴滚动技术。也可以改善手臂迅速切入水中的良好习惯。

练习方法及要领：

一臂划水，另一臂置于身体的体侧。在游进中要求身体左右转动 60-85 度角。手臂迅速切入水中，划水要有一定的深度，手臂出水后尽量向上够。在身体转动的时候，要求挺胸拔背，始终保持身体的流线型。方法可采取 25 左 25 右，或 5 左 5 右。

劈水游 —— 二级难度

练习目的：

提高仰泳的速度。提高划水的效果及缩短划水周期。

练习方法及要领：

由于当今仰泳的手臂入水很快，故要加强入水的速度。要求手臂向后快速向下劈入水中，进入抱水的动作，争取手入水一次到位（应有的深度），要求入水的时候手臂擦耳而过。要求手臂入水的同时压肩，手臂不得弯曲。方法可以采取先从单臂开始，然后进行双臂的练习，也可单双混合练习。

变速游 —— 三级难度

练习目的：

比较快游和慢游的节奏。有的学生只会慢游不会快游，有的学生则相反，故做这个练习，可以互补，改善划水技术，同时增进划水频率。

练习方法及要领：

可以采用，25码慢游，25码快游。也可采用，10次慢游，10次快游。要求快慢有明显的区别。

150度手侧向打腿 —— 四级难度

练习目的：

改进仰泳手入水应有的深度和手入水时身体的位置。增强侧向打腿的能力。提高控制身体的平衡能力。

练习方法及要领：

仰泳侧向打腿，两手臂之间的角度约为150度（图4-33），即一臂伸直停留在水下2尺左右深的位置，正好是要开始抱水的应有深度。另一臂上举80-90度左右，正好使两手臂之间的角度约为130-150度。目的是为了提高本体感觉，让肌肉感觉到手入水应有的深度。在做这个练习时，教师一定要确定好每一个学生手臂的深度，然后固定这个位置打腿。

 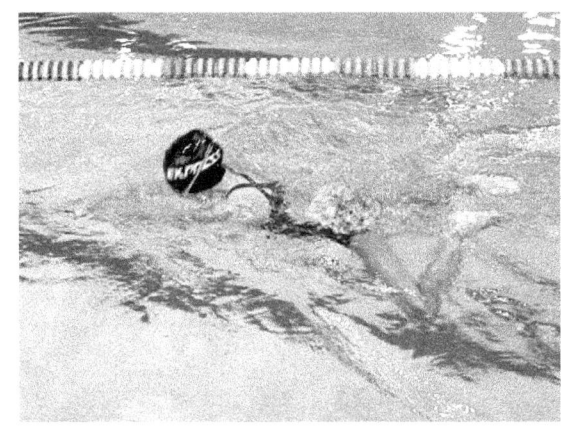

图4-33 150度手侧向打腿　　　图4-34 流线型蛙泳腿

三、 蛙泳的杂游技巧

流线型打腿 —— 一级难度

练习目的：

提高打腿能力和保持身体的流线型位置。有利于改进手臂前伸作用，特别对在蛙泳打腿和滑行时，手臂不能保持充分伸展的人更为有利。

练习方法及要领：

手臂前伸始终保持流线型姿势，中间不能上下移动（图4-34）。可以做一次呼吸一次腿的练习，也可以一次呼吸两次腿的练习，但要求打腿的时候，头必需低下去，眼看池底，保持良好的流线型姿势。呼吸时，手臂尽最大努力保持在水平面上。这个练习的难度不大，但要想坚持做好却不容易。这是一个蛙泳的基本功练习，必须掌握。提示：呼吸时顶肩，两手合掌紧锁。

这个练习是蛙泳重要的杂游之一。

触踵打腿 —— 二级难度

练习目的：

改善打腿的幅度与身体的稳定性。改进打腿时，膝关节前拱与撅屁股打腿的不良习惯。

练习方法及要领：

两手臂置于身体的体侧靠近背部，腿弯曲时，两手触摸脚后跟，但在手触及脚后跟时，不得有停顿动作。要求收腿时，应该是两脚的脚后跟向上抬起，然后沿着水平面朝着臀部的位置接近，当两手触及到脚后跟部位时，大腿和上体的角度约为135度。

要防止收腿的时候，膝关节前拱和撅屁股的现象出现，要挺胸拔背。打腿时眼看池底，即头顶顶着水打腿的感觉（图4-35）。打腿的方向应该和身体前进时的方向180度相反，体现作用力与反作用力的效果。

图 4-35 触踵打腿

倒背手打腿 —— 二级难度

练习目的：

防止打腿时膝关节前拱与撅屁股打腿的现象，有利于身体的平衡。

练习方法及要领：

打腿方法基本同上，要求两手倒背，最好可以做到两手交叉，这样可以固定后背，使上体做到挺胸拔背，形成弓形，再加上两手臂压住臀部，使得臀部不能上撅，稳固住了上体的平衡。要求打腿的时候，眼看前下方，前额或头顶，顶着水打腿（图 4-36）。

图 4-36 倒背手打腿

图 4-37 反蛙泳腿

仰卧蛙泳打腿 —— 二级难度

练习目的：

改善打腿的幅度与身体的稳定性。改进打腿时膝关节前拱与撅屁股打腿的不良习惯。提高小腿腓肠肌与脚内侧面踢水的水感，有助于改进打腿的正确姿势。

练习方法及要领：

可采用两个方法，一是仰卧呈流线型姿势打腿。二是两手臂置于体侧身体的下面，打腿时，两手触摸脚后跟（图4-37）。要求打腿的时候，膝关节尽量不要露出水面，体会用小腿腓肠肌与脚内侧面踢水的感觉，体会两小腿和两脚由外侧向踢水的方向画圆做蹬夹动作。提示：收小腿后体会大腿和上体同在一个水平面上，蹬夹动作结束后滑行1-2秒。

<u>握拳游</u> —— 一级难度

练习目的：

提高高肘划水技术与前臂及肘关节划水的水感。

练习方法及要领：

紧握双拳游蛙泳。目的是提高前臂与肘关节划水的水感。要求高肘划水，在没有手划水的前提下，唯有高肘划水才能够产生相应的推进力。提示：不要有手划水的影子，防止学生半握拳偷懒。

<u>蝶泳腿蛙泳手</u> —— 二级难度

练习目的：

借助身体模仿像海豚上下起伏所造成的追逐波浪的效果，顺势利导，提高划水借力的作用。同时也可借助腰腹力量将手臂快速前伸插入水中，有利于改进蛙泳划水的节奏，同时也提高了蝶泳腿。

练习方法及要领：

同蝶泳相同，只是将蝶泳手改为蛙泳手。练习可以采取一次手两次腿或一次手三次腿（两次大一次小）。前者是为了学会这个游式，不改变划水和打腿的节奏，同蝶泳的节奏相同。后者是手臂插入水中后有一个短暂的停留同时做一个小的蝶泳腿，然后突然猛力做一个蝶泳腿与此同时做一个划手与迅速的呼吸动作，然后手臂迅速插入水中。要求当手臂入水的同时头也潜入水下，眼看下方，手臂保持良好的流线型姿势。水下呼气的速度应是加速度，在头露出水面的时刻应将气体全部呼净，这样有利于加快吸气的速度（图 2-38）。提示：划手可以采取大划手，也可采取小划手，也可一大一小，这样有利于进行比较。小划手可以加快呼吸的速度，大划手可以加大动作的幅度，这要看每个人的技术风格而定。

这个练习是蛙泳重要的杂游之一。

 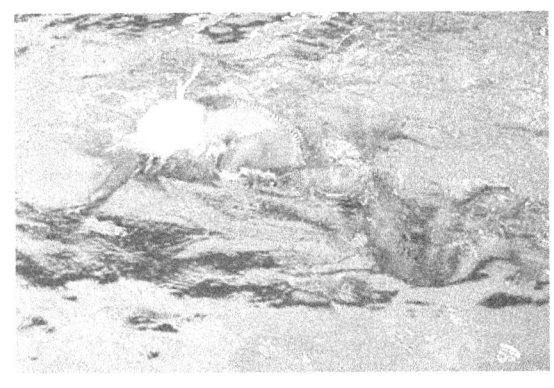

图 2-38 蝶泳腿蛙泳手　　　　　　　图 4-39 双臂交叉划水

一次蝶泳腿一次蛙泳腿蛙泳 —— 三级难度

练习目的：

以蝶带蛙，有利于横轴运动，使身体重心以横轴同点或越过横轴。以提高臀部的位置来营造上体入水时的仰角角度接近零或是小于零，可以大大减少前进中的阻力。

练习方法及要领：

可以采用两种方法。第一种方法：蛙泳划水的同时做一次蝶泳腿，手入水的同时或手入水后，做一次蛙泳腿，然后滑行。第二种方法：滑行时，做一次蝶泳腿，蛙泳划水的同时做第二次蝶泳腿，手入水的同时或手入水后做一次蛙泳腿。两种练习大同小异，可以交替使用。很小的区别是后者更加突出划水爆发力的提高，同时保持身体上下起伏的波浪。相同点则是两种方法的目的是一致的，都是为了提高身体围绕着横轴做上下起伏的运动。因为做蝶泳腿后，划水可以借助身体向上起伏，顺势加大划水的力度，手臂入水时，臀部接近水面或露出水面，此时做蛙泳腿时，必然减少大腿的迎面阻力，同时也因臀部位置较高，上体入水时的仰角小于零度，也大大地减少了迎面阻力。为了突出这个练习的特点，手臂入水时，头部也应向水下延伸，头顶顶着水，想象跳水出发的入水动作。

这个练习是蛙泳重要的杂游之一。

双臂交叉游 —— 一级难度

练习目的：

提高水感。缩短两肘间的距离，提高裹肩技术，从而提高流线型技术。特别对划水结束后两肘分开过大的学生有所帮助。

练习方法及要领：

两手前伸的同时，做两臂交叉动作，交叉点在两肘。要求交叉时直臂，并做大划手以提高水感。要求根据个人柔韧性的程度，双臂交叉幅度越大越好（图4-39）。

一次手两次腿 —— 一级难度

练习目的：

改进流线型滑行技术的同时，也提高了打腿的功效。更重要的是在两次腿后有助于提高划水的爆发力效果。特别对不喜欢滑行的学生有所帮助，因为必须做完两次腿之后才能划手。

练习方法及要领：

做一次较大的划手后，做两次完整的打腿，最好两次腿完成后，有短暂的滑行阶段。要求打腿的时候。手臂、头和上体保持良好的流线型，眼视池底。初学者或不会滑行的学生，可以先做这个练习效果更佳。由于两次腿和滑行的时间较长，手臂得到了足够的休息，因此划水时有利于划水的爆发力。为了渲染这个特点，划水可以大一些，身体向上冲的位置高一些。高水平的运动员也可以采取一次手三次腿的练习，这样身体可以潜入水中深一点，可以提高水下打腿的水感，也给将要爆发的"猛虎扑食"做好了充分准备。

这个练习是蛙泳重要的杂游之一。

小划手 —— 一级难度

练习目的：

加快呼吸的速度和划水的频率。

练习方法及要领：

用蛙泳手一半的幅度划水，加快呼吸的速度。如果为了提高划水的频率可以不加滑行，做连续的划水打腿动作。如果为了提高呼吸的速度可以加滑行，手臂得以缓冲，休息片刻。还可以采取抬头游蛙泳，也是采取小划手，可以提高蛙泳特殊的节奏感，快速向前伸臂。动作可以连贯也可以伸臂后停留1秒钟，以强化节奏感。

大划手 —— 一级难度

练习目的：

提高划水的实效和水感。

练习方法及要领：

划水宽一些，深一些，抱水多一些，身体位置高一些。要求一定要有两秒钟以上的滑行，可以调整划水的节奏。

一次大划手一次小划手 —— 二级难度

练习目的：

可以比较大划手和小划手的区别，找到适合个人的划水幅度。改进冲刺技术。提高协调性及不同的节奏感。

练习方法及要领：

在做一次大划手之后，紧跟着做一次小划手，然后滑行。要求大小划手有明显的区别，两次划手之间不要有停顿。滑行的时间应不少于2秒钟。触及池壁前，如果距离不足一次划手，可采用快速的小划手，反之触及池壁前如果距离大于一次划手，可采用一次大划手或用快速的两次小划手触壁，这要根据个人的经验而定。

提示：要求节奏鲜明，动则快，停则息。

触肘游 —— 三级难度

练习目的:

缩短两肘间的距离,改进蛙泳划水完整的技术。提高肘部对水的水感。

练习方法及要领:

为了提高完整的划水技术,在触肘游的练习中降低游速,一定做到外划、高肘下划、内划、挟肘,待两肘相触后两臂前伸。重点体会两肘挟水的感觉(图4-40)。提示:抱肘裹肩。

图 4-40 触肘游　　　　　　　　图 4-41 直臂外划直臂还原

外划游 —— 二级难度

练习目的:

防止外划时曲臂。增强外划的水感。对提高蛙泳完整的划水技术有帮助。

练习方法及要领:

只做外划不做完整的划水动作的手腿配合。两臂直臂外划宽于肩,然后直臂返回。要求手臂自始至终保持直臂,不得有一点弯曲(图4-41)。提示:手臂返回时手掌向内。

肘划水 —— 三级难度

练习目的:

强化肘挟水的水感。提高蛙泳完整的划水技术。

练习方法及要领:

两手掌相对，两拇指交叉，锁住双手。呼吸时两肘沿着水平面外展，越宽越好，然后两肘突然做挟水的动作，两肘的距离越近越好，然后做前冲动作。要求两肘外展与两手向身体回拉的时候，两手应沿着水面回拉，不得有向下划水的意识（图 4-42）。两肘挟水的幅度越大越好。提示：手臂回拉时手腕不能做内旋动作，手不能抠水。

这个练习是蛙泳重要的杂游之一。

图 4-42 肘划水

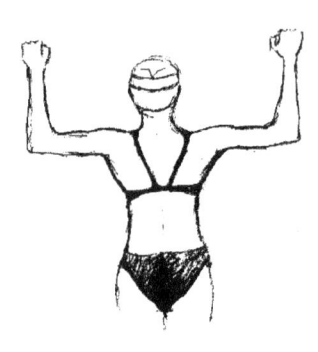

图 4-43 肘挟水的准备姿势

肘挟水 —— 三级难度

练习目的：

　　强化肘下压水和挟水的感觉。提高蛙泳完整的划水技术。

练习方法及要领：

　　初始姿势是，两手分开并握拳，两肘于肩在同一直线上，曲臂 90 度，好像人推举杠铃到一半高度时的姿势，平卧于水中（图 4-43）。要求手臂自始自终保持这个角度不变，然后整个手臂向下压水，做挟肘动作，同时呼吸。体会挟肘与身体上起的协调动作。动作越协调这个练习就越成功。提示：发力时前臂放松，固定肩胛。可以单做这一个动作，也可配合蛙泳腿的动作。

节奏练习 —— 三级难度

练习目的：

完善节奏感。提高快速呼吸的能力。

练习方法及要领：

两手并拢，两拇指交叉。呼吸的时候，两肘向下拉并靠近前胸，而两手在水平面回拉并完成呼吸动作，然后两手臂迅速前伸还原。要求呼吸的动作迅速，手臂前伸的速度快而有力（图4-44）。提示：蛙泳的节奏是滑行的时间长于呼吸的时间，如果一个动作周期是2秒，手臂的回拉与前送0.7秒，滑行1.3秒，通过练习尽量缩短手臂回拉与前送的时间。

这个练习是蛙泳重要的杂游之一。

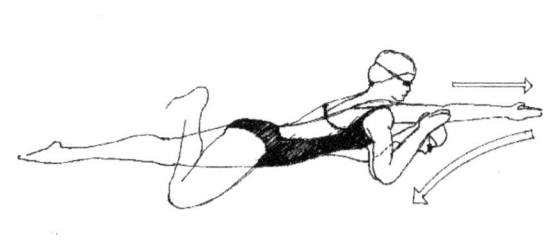

图 4-44 蛙泳的节奏练习　　　　图 4-45 高身体位置蛙泳

高身体位置蛙泳 —— 二级难度

练习目的：

增强手臂划水的力量。改善手臂对水的感觉。手臂越出水平面有利于做前冲的练习。有利于利用腰腹力量。

练习方法及要领：

手划水稍大些，用力划水，挟水，尽量使身体向前上方窜出水面越高越好，然后两臂向前猛冲过去，利用腰腹肌力量，好像蛇扑食动作。要求手臂出水，向前冲时，两手臂刚好在水平面上。要求打腿时，头部尽量低下去（图4-45）。提示：身体窜出后身体重心上移，上体做前冲动作时，重心继续向前上方移动，至少做到保持重心的高度，决不能使重心下移。

这个练习对高年级的队员是最重要的杂游之一。

低身体位置蛙泳 —— 二级难度

练习目的：

缩小身体与水平面的仰角角度。加快呼吸的速度。有利于蛙泳的平稳性与较小的能量代谢。有效地提高划水周期的频率。

练习方法及要领：

手划水稍小一些。外划与肩同宽，然后手掌和前臂迅速内划夹肘并前送。呼吸时，头抬起不要太高，下巴刚好露出水面，和蝶泳的身体位置差不多，眼向前下方看。要求快速呼吸，头抬起又迅速低下去。滑行时间可长可短，但一定要在完成打腿之后才能接下一个划水动作。提示：腿的相应动作也不要大，收蹬夹要快。

这个练习对低年级的学生是蛙泳重要的杂游之一。

水下蛙泳手 —— 三级难度

练习目的：

增强手臂划水的水感。控制身体的平衡。改进头部的正确位置。改善缺氧能力。

练习方法及要领：

有两种方法。一是采用大划手，就是手一直划到大腿处，或身体的两侧，然后滑行（图2-46）。二是采用普通的蛙泳手划水。这个练习要求划水时身体要保持在水下水平移动，不得上下浮动，身体要始终保持相对的紧张度，身体不得扭曲，即要控制身体的平衡，又要按流线型的身体姿势滑行。对头的位置则要求，眼看池底，头顶顶着水游的感觉。10岁以下年龄组不宜练习。11-12岁不宜做过多的练习。适宜13岁以上的运动员。

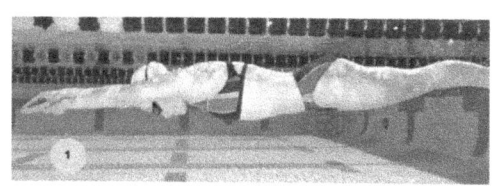
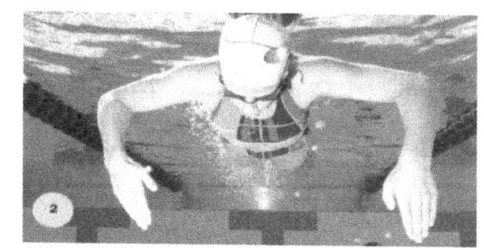

图 2-46 水下蛙泳大划手（1-4）

水下蛙泳腿 —— 二级难度

练习目的：

  增强腿的水感。控制身体的平衡。改进头部的正确位置。

练习方法及要领：

  有两种方法。一是采用流线型的身体位置。二是采用倒背手的身体位置，收腿时两手触踵。打腿时身体要保持在水下水平移动，不得上下浮动，身体要始终保持相对的紧张度，即控制身体的平衡，按流线型的身体姿势滑行。对头的位置则要求，眼看池底，头顶顶着水的感觉。10 岁以下年龄组不宜多练。

水下蛙泳 —— 二级难度

练习目的：

  增强手臂划水和打腿的水感。控制身体的平衡。改进头部的正确位置。

练习方法及要领：

  有两种方法。一是采用大划手游，打腿结束后立即做一个大划手，就是手一直划到大腿处或身体的两侧，然后滑行。二是采用普通的蛙泳手划水。这个练习要求控制身体的平衡，按流线型的身体姿势游进。因为不需要呼吸，则头的位置可以固定，眼看池底，头顶顶着水游。10岁以下年龄组不宜多练。

颌下夹网球游 —— 四级难度

练习目的：

改进头部和身体的角度。对头和身体抬的过高的学生有所帮助。

练习方法及要领：

颌下夹着一个网球游蛙泳，可以限制头和身体抬的过高的现象。但要因人而异，因为当今的蛙泳是一项很复杂的技术，切不可采用一个模式教学生。但是有一点是肯定的，就是颌下夹着一个网球游蛙泳，眼睛看前下方是正确的，也就是说吸气时收颌是必要的。

一个周期两个滑行 —— 二级难度

练习目的：

分解划水和打腿的动作，分别提高手臂划水和打腿的水感。控制身体的平衡。体会滑行的价值，提高划水和打腿的质量。特别对过早做收腿动作的人有很大的帮助。

练习方法及要领：

划水后滑行一秒钟再打腿再滑行三秒钟。然后进行下一个循环。要求滑行时，保持身体的流线型和身体的平衡。为了体现滑行的速度感，要求加大划水和打腿的力度。提示：对收腿动作过晚的人不适宜。

半个蝶泳腿蛙泳 —— 三级难度

练习目的：

水感。借助水的弹性。控制身体的横轴运动。改善身体的流线型。纠正划水还没完全结束就提前收腿的习惯。提高打腿的速度。

练习方法及要领：

蛙泳中使用蝶泳腿是犯规动作，但是使用蝶泳腿，可以借助蝶泳腿的效果，使身体比较轻松地冲出水面，同时也节省了划水的功效。那么怎样找出一个既不能犯规也能达到应有的效果呢？

方法如下：划手时，两腿绷直并下压如同半个蝶泳腿，由于水对身体的作用力，可同时借助划水，身体自然而然地向前上方移出，这样一来，划水就觉得轻松得多，反而可以借力加大划水力度，对身体向前上方冲出水面更加有力（图4-47）。要求在划手还没有结束之前，两腿一定不得弯曲，当身体和手臂向前上方冲出，并入水快要成为流线型那一瞬间，快速完成收腿、蹬夹腿同时**提臀**，腿跟随着臀部的轨迹向前上方提拉，并迅速做背弓，使上体不继续向下方滑行，尽量不影响身体的流线型状态。掌握好什么时候开始收腿的时间差。提示：开始做这个练习时可以做一个很小的蝶泳腿动作，然后逐步过渡到直腿，想象水对腿有一定的支撑。

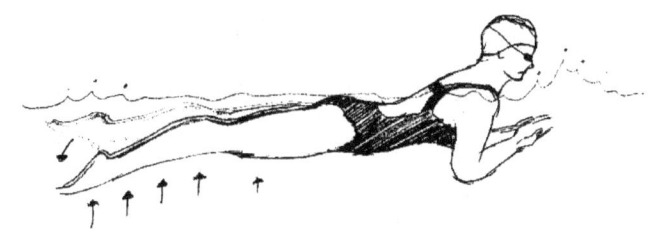

图4-47 半个蝶泳腿蛙泳

最少数量划水 —— 二级难度

练习目的：

提高划水和打腿的实效。体会滑行过程身体的质量。改善流线型技术。

练习方法及要领：

尽量减少划水、打腿的周期。如：50码蛙泳划水20次，你要尽量去试着用18次，17次或更少。这样要求你必须提高划水和打腿的质量以提高滑行的长度，为了滑行的距离更长，还要求你必须保持良好的流线型姿势。提示：打基础阶段可以作为基本功多练习。不可只求减少划水数量不求划水质量。这个杂游对各个年龄组都是非常重要的练习。

四、 蝶泳的杂游技巧

水下仰卧蝶泳腿 —— 二级难度

练习目的：

增进水下打腿技术和改善仰泳出发技术。控制身体的平衡。

练习方法及要领：

可做仰泳出发式，也可做蹬边出发。在水下半米到一米深处，做反蝶泳腿。打腿开始后用鼻子慢慢呼气，在水下打腿的距离尽量长一些。打腿可采用大幅度慢打腿，也可采用小幅快频。前者有利于增进海豚式身体姿式，对提高蝶泳技术有帮助，后者有利于提高仰泳的出发技术。要求两手臂始终保持流线型姿势（图4-48）。

图 4-48 水下仰卧式蝶泳腿

图 4-49 合掌直臂蝶泳练习

合掌直臂蝶泳 —— 三级难度

练习目的：

改进两手划水过宽，入水过宽与划水过浅的动作习惯。

练习方法及要领：

两手臂伸直，两手重叠合二而一。要求直臂划水，划水的过程要尽最大努力使两手不要分开，划至腹部位置再分开。移臂结束后，当手入水的同时，两手再次重叠，并继续下一个动作（图 4-49）。提示：由于两臂下压动作，身体位置可以高一些。

流线型蝶泳腿 —— 二级难度

练习目的：

固定头的位置，改善身体的流线型。提高打腿技术。提高节奏感。

练习方法及要领：

打腿时，头部保持在两手臂的下面，即流线型姿势。有两种方法可以采用。第一种，呼吸时两手臂保持在水平面上，不得有下压水的动作。目的是为了提高上体稳定性的能力。第二种，呼吸时，两手臂做直臂下压水的动作。目的是为了借助作用力与反作用力的关系使身体向前上方冲出水面，有利于初学者学习蝶泳的节奏与手臂下压水的水感，为了提高节奏感可以采取两次腿一次呼吸，与蝶泳的节奏同步，根据需要也可以采用三次腿或多次腿。这个练习要求在水平面上打腿，不要在水下打腿。在做这个练习时两手臂始终不得弯曲。提示：采取手臂下压水的动作时注意不要过深，以免手臂还原受阻。

头领先打腿 —— 三级难度

练习目的：

改善海豚式打腿技术。增进水下缺氧练习能力（10 岁以下少儿不宜多做）。改进打腿幅度过小的习惯。

练习方法及要领：

两手臂位于体侧，头领先做水下蝶泳腿。要求大幅度打腿，模仿海豚的动作。头部可以稍微做上下起伏动作以带动身体跟着上下浮动，但要防止头的动作过大，因为蝶泳腿的发力是从腰腹开始的，而不是头部。

有两种方法可以采纳，一是，打腿时两手臂保持不动。二是，做两次或三次腿的同时前臂做向后推水的动作，提高手脚配合的节奏感（见图4-50）。提示：做推水动作时大臂不能有动作。

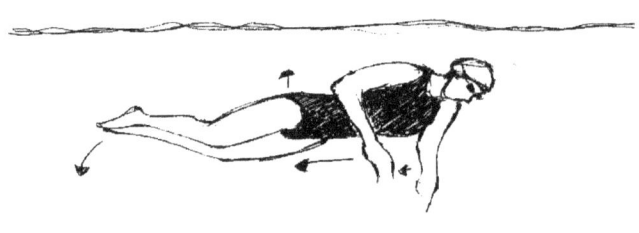

图4-50 水下头领先蝶泳腿加推水动作

四面打腿 —— 四级难度

练习目的：

控制身体平衡和提高动作的协调能力。改进身体的流线型姿势。提高打腿能力。

练习方法及要领：

蹬离池边后做侧向二至三次蝶泳腿，然后身体转动90度，做仰视蝶泳腿，然后再转动90度，做侧向蝶泳腿，然后再转动90度，做卧式蝶泳腿，按顺时针的方向循环往复。要求每一面（左侧面，仰面，右侧面，俯视面）做两次或三次蝶泳腿。要求身体自始自终保持流线型姿势，尽可能地按直线的轨迹打腿。提示：侧卧打腿时注意保持上体的稳定性（参照自由泳4面打腿 图4-17）。

抬头蝶泳腿 —— 四级难度

练习目的：

加大打腿难度，力度。提高腰部的柔韧性。

练习方法及要领：

后背呈弓形，始终抬着头做蝶泳腿。手臂可以伸直，合掌，压住水。也可以把两臂位于体侧或倒背手，体会沉肩动作（图4-51）。要求大幅度快速打腿。也可使用脚蹼练习。

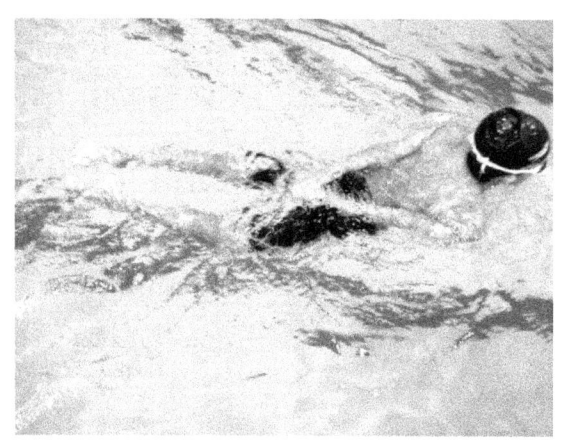

图4-51 抬头蝶泳腿

大波浪式打腿 —— 三级难度

练习目的：

加大打腿幅度，力度。提高腰部的柔韧性。增进海豚式波浪的效果。

练习方法及要领：

蹬离池壁后，在水下2-4尺深处做5次以上超大幅度的蝶泳腿，浮出水面后右臂做一次蝶泳手再潜入水中，做5次超大幅度的蝶泳腿，浮出水面后左臂再做一次蝶泳手再潜入水中，循环往复。要求手臂前伸，打腿的时候放慢速度，尽可能地加大打腿幅度。做这个练习时，可以带脚蹼以加大打腿的幅度。

握拳游 —— 二级难度

练习目的：

提高臂部划水的水感。提高高肘划水的效果。

练习方法及要领：

握拳游蝶泳。要求高肘划水，两手紧握拳避免半握拳。

单臂蝶泳 —— 二级难度

练习目的：

提高体侧肌肉群的伸展能力，加大海豚式波浪的幅度。

练习方法及要领：

一臂划水，另一臂保持流线型姿势。要求直臂移臂，并配合侧向呼吸，这是为了充分伸展划水一侧身体的肌肉群，起到牵拉作用。移臂时，手臂沿着纵轴的方向抡圆了，手往前够的同时提臀，入水点越远越好，与此同时，正是第一次打腿，臀部跃出水面，此时的身体正好像一个拉满的弓（图4-52），如果带上脚蹼练习，就仿佛海豚一样。要求头先入水，然后手臂跟进，臀部跃出水面，而后两脚出水面，再次打腿，侧向呼吸，这样依次进行。练习可采用，25码左25码右，或5次左5次右交替。提示：只做侧向呼吸。

这个练习是蝶泳重要的杂游之一。

a.单臂蝶泳的入水　　　　　　　　　　b. 入水后臀部上提

图 4-52 单臂蝶泳

3-3-3-3 蝶泳 —— 一级难度

练习目的：

改善身体的平衡与协调能力。提高体侧肌肉群的伸展能力，加大海豚式波浪的幅度

练习方法及要领：

3次左3次双臂3次右3次双臂这样依次进行的单双臂配合蝶泳。单臂时可以采用上一个杂游中所要求的方法,也可采用正面呼吸的方法。原则上,单臂游可以充分体现海豚式的大波浪,做双臂时,要继续借助单臂蝶泳呈现的身体跃动的动感,'以单带双'。要求以较低的频率以较大的动作幅度来完成这个练习。提示:呼吸时头不能抬起过高。

这个练习是蝶泳重要的杂游之一。

<u>按头单臂蝶泳</u> —— 四级难度

练习目的:

改进游蝶泳不低头的习惯动作。提高臀部的位置。

练习方法及要领:

一只手按住后脑勺部位,不得溜肘,一只手臂游蝶泳。要求正面呼吸,不做侧面呼吸(图4-53)。

图4-53 按头单臂蝶泳

图4-54 双手按头蝶泳腿

<u>双手按住头打腿</u> —— 五级难度

练习目的:

养成低头的良好习惯。纠正头低不下去的不良习惯。

练习方法及要领:

把两手放在头部的后脑勺部位做蝶泳腿（图 4-54）。要求两次腿一次呼吸或三次腿一次呼吸。要求打腿时不要溜肘。也可借助脚蹼练习。

一次呼吸五次手腿配合 —— 二级难度

练习目的：

提高划水频率。

练习方法及要领：

五次腿一次呼吸配合蝶泳。要求手臂直接下划，或做很小的外划，不要做较大的 S 型划水。提示：打腿和划水的速度要快。以 25 码练习为适宜。年幼的学生不宜做这个练习。

抬头蝶泳 —— 二级难度

练习目的：

提高划水频率。对身体吃水过深的学生有所帮助。

练习方法及要领：

抬头游蝶泳。要求手臂直接下划，不要做 S 型划水，划水路线可适当缩短以加快划水频率。提示：打腿和划水的速度要快。以 25 码练习为适宜。

原地垂直蝶泳腿 —— 四级难度

练习目的：

提高打腿速度与力度。增强腰腹肌力量。

练习方法及要领：

做原地垂直蝶泳腿。动作要求：在 15 尺深的泳池里，身体先垂直沉到池底，然后蹬离池底，借助惯性猛力做直上直下蝶泳腿，速度越快越好，身体出水面越高越好，最好在制高点停留一到三秒钟。动作重复三到五次。10 岁以下年龄组不适宜。

可以采用两种方法；1，两手臂上举做流线型打腿。2，两手臂置于体侧打腿。

蝶泳划手 —— 四级难度

练习目的：

提高划水力度。提高划水频率。改善手臂对水的水感。

练习方法及要领：

只做蝶泳手不打腿。要求手臂直接下划，划水路线可适当缩短，以加快划水频率。可以采取抬头式，也可采取低头式，或采取呼吸式。如，一次手一呼吸，或两次手一呼吸，三次手一呼吸的练习方法。提示：腿要放松，腿可以随着身体的起伏有所摆动，但不能主动做打腿动作。

低体位蝶泳 —— 三级难度

练习目的：

提高打腿和划水频率，尝试不同的节奏感，增强腰腹力量。改进身体越出水面过高的习惯。

练习方法及要领：

采用小幅度快节奏打腿。划水方法可以采用，手入水与肩同宽，直接内划水，减少外划水动作，划水是一个向内、向外划的弧形。这样手臂可以配合打腿频率，加快整个蝶泳的频率，同时也重点地练习了蝶泳的内划手。呼吸的方式可以采取，一次划水一次呼吸，也可以采取多次划水一次呼吸，总之，呼吸时，头抬出水面越低越好，嘴露出水面刚好能够呼吸就可以，身体的上下起伏，也是越小越好，这样才可以提高蝶泳的速率。

这个练习是蝶泳最重要的杂游之一。

水下侧向蝶泳腿 —— 三级难度

练习目的：

改进不同体位的打腿姿势，提高海豚式打腿的能力。有利于喜欢仰泳侧向出发的人。

练习方法及要领：

蹬离池壁后，位于水下 3 尺左右深度的位置，做侧向蝶泳腿，要求身体保持流线型姿势。

可以采用两种练习方法，第一种，八次腿一次手，当做一次单手的时候呼吸，再潜入水中继续做八次侧向蝶泳腿。第二种，在水下做侧向蝶泳腿，待需要呼吸的时候，再做一次划水，高年级的学生可以一口气打腿 25 码。要求开始做侧向蝶泳腿时，尽量不要闭气，在水下要慢慢地呼气直到需要呼吸时为止。

手臂交叉蝶泳划水 —— 四级难度

练习目的：

采用矫枉过正的方法改进划水或入水过宽的错误动作。

练习方法及要领：

手入水后两臂紧贴两耳，然后开始直臂交叉下划，交叉的幅度可大可小，以中等幅度为宜，交叉的路线越长越好。

有两种练习方法；1，直臂交叉划水，要求划水的整个过程都是直臂。2，抱水后两臂交叉推水。

颌下挟网球蝶泳 —— 五级难度

练习目的：

纠正呼吸时头抬过高的错误动作。改进身体位置。改善肩轴运动的灵活性。

练习方法及要领：

使用工具是一个网球或小皮球，把它挟在颌下游蝶泳。提示：这个练习不宜多做，点到为止。

三次腿一次推水 —— 二级难度

练习目的：

改进蝶泳一次腿的错误倾向，提高划水时的有效打腿，改善蝶泳的节奏。

练习方法及要领：

打腿时两臂至于体侧。可采用两种练习方法；第一种，目的是为了突出在同一个时刻做三个动作，既打腿、推水、呼吸。做两次打腿后，在第三次打腿的同时，前臂推水并呼吸（图4-55）。要求加大打腿力度，要求三个动作必须同时完成。第二种，为了提高节奏感，做两次腿一次推水。即一次腿低头一次腿抬头。先做一次蝶泳腿，在做第二次打腿的同时，前臂推水并呼吸，和蝶泳的节奏相同。有不少人游蝶泳，只做一次手一次腿，为了改进这一习惯动作，需要多做这个练习。

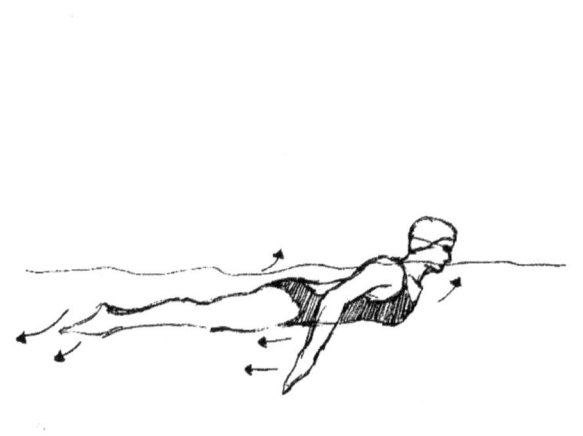
图 4-55 同时做打腿—呼吸—推水

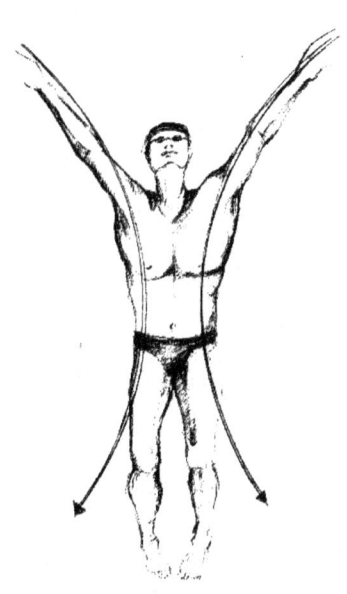
图 4-56 内画弧蝶泳

内划蝶泳 —— 四级难度

练习目的：

提高内划效果，完善划水技术。

练习方法及要领：

蝶泳最重要的是内划。内划差，就体现出抱不住水。动作要求：两臂入水点稍宽于肩，两手间距大约两三尺之间，然后向内划水，不要有任何外划动作（图4-56）。即两臂先向内划，划至腹部下开始向外后划出，正好向两个弧形")("。要求两手划至腹部下面时两手掌之间的距离为零或相隔一个拳头。提示：以慢频率练习体会内画弧的感觉，然后逐渐加快速度。

这个练习是蝶泳最重要的杂游之一。

一腿蝶泳 —— 四级难度

练习目的：

改善动作的协调性，灵活性。改进弱腿一侧的打腿能力。

练习方法及要领：

游蝶泳时，左腿打腿右腿弯曲小腿上举绷脚尖。可采取 25 码左右轮换，也可采取五次左腿五次右腿。要求动作协调。提示：两膝间距一拳。

海豚跳龙门 —— 四级难度

练习目的：

加大打腿幅度，力度。提高腰部的柔韧性。增进海豚式波浪的效果。

练习方法及要领：

练习可以采用带脚蹼或不带，在水下做三次或多次大幅度蝶泳腿，然后跃出水面做一次蝶泳手。要求身体跃出的高度越高越好，最好臀部以上都能跃出水面。手入水时，尽量向前够，这样可以看到臀部高高噘起，腿也随着打腿露出水面，正好像海豚、鲸鱼跃出水面的镜头(图 4-57)。

a.身体向前上方跃出水面　　　　　　　b.入水后臀部刚好越过横轴

图 4-57 高体位跃出蝶泳

五、 其它杂游

<u>脚领先</u> —— 二至五级难度

练习目的：

改善身体的平衡能力。增进核心力量的效果。提高手臂的水感。改善身体运动的协调作用。

练习方法及要领：

二级难度的方法是，仰卧，两腿适当绷直，整个身体要求保持一定的紧张度，使整个身体成一体，眼视上方，两手臂位于体侧划水（图 4-58），两脚尖指示的方向是游进的方向。

三级难度的方法是，身体姿势同上，两手举过头顶并翻掌，同时做推水的动作，推水方向与运动方向相反（图 4-59）。

四级难度的方法是，身体姿势同上，两手举过头顶并翻掌，做左右手交替的推水动作，或两手掌相对，同时向内和向外摇水（图 4-60）。

五级难度的方法是，俯卧，控制身体成一体，两脚尖指示的方向是游进的方向。两手掌在头顶上翻掌同时或交替做推水的动作。

动作要求，<u>直</u>，并且，<u>放松</u>，即身体要绷直，但又要做到放松。

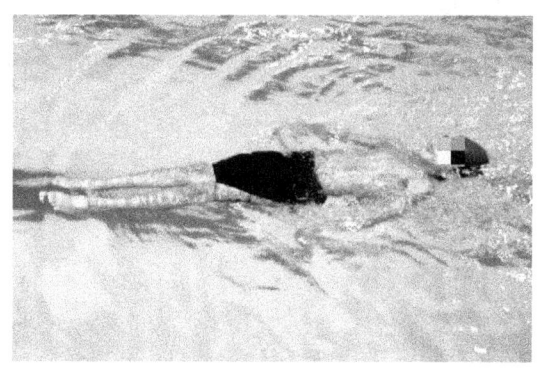 

图 4-58 脚领先体侧划水　　　　　图 4-59 脚领先双手推水

图 4-60 脚领先左右手交替划水

蛙泳单臂单腿混合游 —— 四级难度

练习目的：

改善身体运动的协调作用。提高中枢神经系统支配肢体的运动能力。

练习方法及要领：

方法有三。1，右臂右腿做划水和打腿，左臂左腿保持流线型姿势不动，然后左右交替。2，右臂左腿做三次手三次腿，然后左臂右腿做三次手三次腿，然后重复。3，一和二的方法混合在一起，右臂右腿做一次手和一次腿，然后左臂右腿做一次手一次腿，然后右臂左腿做一次手一次腿，然后左臂右腿做一次手一次腿，然后重复。在这个练习中，要求不划水和不打腿的肢体要放松和保持一定的紧张度不得参与任何动作。

仰卧式蝶泳 —— 三级难度

练习目的：

改善身体运动的协调作用。增强蝶泳腿的效果。改善腰背部的柔韧性。

练习方法及要领：

反蝶泳即仰视蝶泳。节奏同蝶泳。一次手两次腿，移臂时做背弓同时仰头下巴翘起，手入水的同时头也入水，此时眼睛看到手入水地方，然后划水收颌呼吸。提示：两手臂侧向画弧移臂，尽量不做直上直下空中移臂。

水下双人配合打腿 —— 三级至五级难度

练习目的：

改善水下打腿的能力。提高控制身体的平衡能力，充分体现**"游泳艺术"**的魅力。

练习方法及要领：

三级难度的方法是，双人蹬离池壁后，面对面，用同等的速度或找相同速度的伙伴做水下侧向蝶泳腿（图 4-61）。

四级难度是，双人蹬离池壁后，面对面，一人在上俯卧，一人在下仰卧，做水下蝶泳腿（图 4-62）。

五级难度是，双人蹬离池壁后，面对面，一人在上一人在下做三次蝶泳腿，然后开始按顺时针两人同时旋转，一上一下一左一右再一上一下一左一右，直到需要呼吸时为止。该练习适于 11 岁以上少年儿童。该练习也可以做自由泳腿。

提示：两人一组的练习，一定要做到动作配合一致，等速前进。

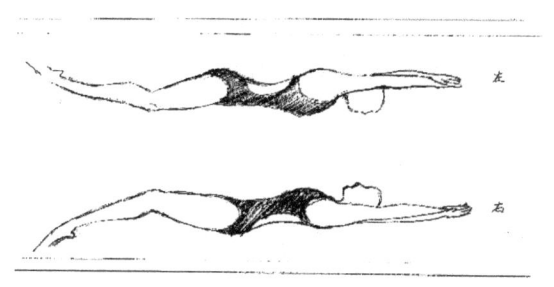

图 4-61 双人水下蝶泳腿 左右侧卧

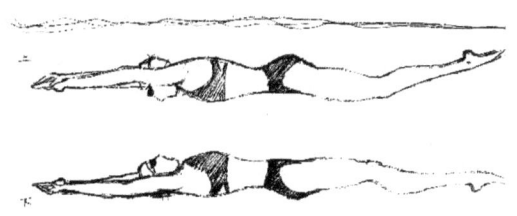

图 4-62 双人水下蝶泳腿 俯卧与仰卧

鸭游 —— 五级难度

练习目的：

改善身体的协调性，柔韧性，灵活性和打腿技巧。还可以提高背部力量。

练习方法及要领：

抬头并使头部露出水面，倒背手，但不交叉，五个手指均露出水面并颤动。左右腿快速交替做一左一右蛙泳腿，不能有停顿，身体在水上一摆一摆的，游起来像一只小鸭子（图 4-63）。提示：一定要掌握好节奏，否则就不像鸭子。

图 4-63 鸭游　　　　　　　　　　　图 4-64 鸡翅游

蝶腿自手 —— 二级难度

练习目的：

　　改善动作的协调性，灵活性。更重要的是提高控制身体姿势的各种能力。

练习方法及要领：

　　蝶泳腿自由泳手练习。可采取一次划手一次打腿，也可采取一次划手两次打腿。要求动作协调，不要忽而一次忽而两次。

蝶腿仰手 —— 二级难度

练习目的：

　　改善动作的协调性，灵活性。更重要的是提高控制身体姿势的各种能力。

练习方法及要领：

　　蝶泳腿仰泳手练习。可采取一次划手一次打腿，也可采取一次划手两次打腿。要求动作协调，打腿速度越快越好。

鸡翅游 —— 五级难度

练习目的：

　　提高平衡能力、动作协调性及肩的柔韧性。改善高肘技术和肩沿横轴滚动技能。

练习方法及要领：

大拇指顶住腋下，好像鸡的翅膀（图4-64）。要求高肘，头不能左右摇摆，移臂的时候上臂擦耳而过，并意念肩绕横轴转动。尽量使肘的上下转动接近纵轴面。

练习注意事项：年龄太小的学生，或初学者，或柔韧性差的学生，不适宜做这个练习，以免造成不必要的身体扭动。这个练习适用于高水平的学生，以进一步提高肩与手臂的柔韧性和高肘技术，并以预防和改进低肘及手臂远离纵轴侧向移臂的错误动作。这个练习做的好的学生，看上去，肩轴连带两个肘关节，一上一下地向前滚动。

六、 利用打水板的练习技巧

打水板除了用来协助打腿之外还有很多用途。它可以用来支撑人体做许多平衡动作。1，可以达到控制身体平衡的能力。2，可以提高练习的趣味。因此比较适用于12岁以下年龄组。

<u>俯卧式划水技巧</u> —— 五级难度

练习目的：

控制身体的平衡能力及提高水感。趣味性。

练习方法及要领：

将打水板至于腹部下面，眼视前方，两腿既要适当地绷紧，又要体现放松地控制身体的平衡。两手臂做各种划水动作，先练习蛙泳手，掌握之后，练习蝶泳手，最后练习自由泳手，因自由泳手最难（图4-65）。通过练习，可以使打水板粘住身体。控制住了打水板，就等于控制住了身体的平衡。提示：身体要做到松紧自然。

a. 蛙泳手平衡练习　　　　　　　b. 蝶泳手平衡练习

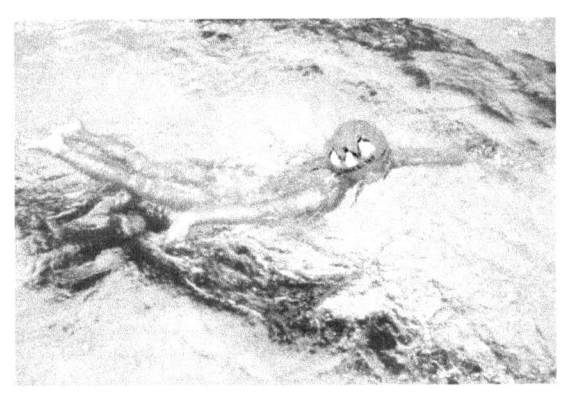

c. 自由泳手平衡练习

图 4-65 利用打水板平衡身体的练习

<u>**坐、蹲、站立式划水**</u> —— 五级难度

练习目的：

　　控制身体的平衡能力，水感练习。游戏。

练习方法及要领：

　　模仿冲浪运动，可以坐在打水板上，也可以蹲在打水板上，还可以站在打水板上做划水（图4-66）。提示：利用腰腹部来帮助控制平衡。

a. 蹲式平衡练习　　　　　　　　　　b. 站立式、冲浪式平衡练习

图 4-66 冲浪式平衡练习

挟打水板划水 —— 三级难度

练习目的：

　　提高划水能力。因两腿必须有一定的紧张度才能挟住打水板，对提高身体的平衡度有益处。

练习方法及要领：

　　两腿夹住打水板的下面三分之一，游自由泳，蝶泳，蛙泳和仰泳（图 4-67），还可以做抬头式爬泳，蝶泳和蛙泳以提高划水的难度。

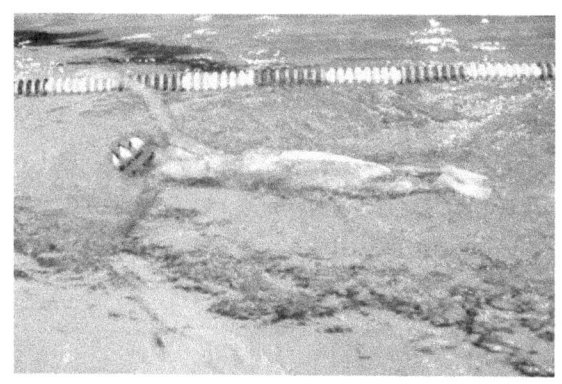 

a. 自由泳手　　　　　　　　　　　b. 蛙泳手

c. 蝶泳手

图 4-67 挟打水板的划手练习

<u>增阻打水</u> —— 二级难度

练习目的：

增强腰腹和腿部肌肉力量。

练习方法及要领：

打腿时，两手拿着打水板的中间，打水板与水平面垂直，打水板的一半吃在水中，以增加阻力（图 4-68）。提示：打水板不能倾斜。

<u>负重打水</u> —— 四级难度

练习目的：

提高身体平衡能力，增强腰腹和腿部肌肉力量。

练习方法及要领：

仰泳打腿，一手保持流线型，另一手拿着打水板并上举。要求快速打腿，腰背要绷直，臀部不得下沉。完成 25 码打腿后，左右手交换打水板。也可以做 10 次打腿之后，交换打水板。

图 4-68 增阻打水

*参照游泳杂游附表

游 泳 杂 游 附表

BR=纵轴滚动(body roll), CO=协调性(coordination), FW=水感(water-sense), ST=流线型(streamlined), HT=无氧(hypoxic),
FR=频率(frequency), Fl=柔韧性(flexibility), CP=核心力量(core power), WM=波浪型(wave motion),
KT=打腿技巧(kick technique), AT=划水技巧(arms stroke technique)
D1,2,3,4,5=难度标准(difficulty 1,2,3,4,5)

	#	杂游名称	杂游的重点叙述	达到效果	难度
自 由 泳	1	联接游	划长、头贴紧手臂、快速打腿、提肩伸展手臂、拇指触及大腿侧、一只水镜水下一只水镜水上	KT,ST, AT	D1
	2	侧向打腿	身体侧向鱼状、一肩保持露出水面、沿纵轴线打腿幅度稍大。	ST, BR, KT,	D1
	3	流线型打腿	呼吸时手臂不能动、始终保持流线型打腿	KT,ST, CP	D3
	4	抬头打腿	抬头打腿,两手前伸保持流线型或两手臂位于体侧	KT,CP	D5
	5	头领先打腿	两手臂置于体侧、呼吸时不能停顿打腿反而要求加速打腿	KT, ST, CP	D5
	6	头领先抬头打腿	两手臂置于体侧、抬头时不能停顿打腿反而要求加速打腿	KT,CP,ST	D5
	7	纵轴滚动式头领先打腿	两手臂置于体侧、左侧6次右侧6次腿、侧向呼吸、身体始终保持在纵轴上滚动	KT, ST, BR, CP	D4
	8	绕纵轴滚动式划水	两脚并拢或交叉,始终保持身体流线型姿势,划水结束后身体旋转90度呈鱼状	CP,ST,AT,FW,BR	D5
	9	侧向打腿及指尖滑水联接游	侧向打腿,一臂划水一臂流线型,移臂时指尖不离水面滑水联接游	KT,CO, CP	D2
	10	单臂自由泳	右臂划水左边呼吸且左臂与身体紧贴。手入水的同时转身90度并呼吸,然后交替	CP,AT,FW,KT,BR	D2
	11	3-3-3-3单双配合	3次右臂3次双臂3次左臂3次双臂划水。注意:呼吸与单臂划水方向相反。动作协调	CO,AT, BR, ST	D1
	12	蛙泳手自由泳腿	打腿要快,要点:呼吸时不能停顿打腿	KT,CO, CP	D2
	13	蝶泳手自由泳腿	打腿要快,要点:呼吸时不能停顿打腿	KT, CO, CP	D2
	14	划出水花	加速划水,将手臂向水平面抛去,划出水花	AT,ST	D1
	15	慢游快打腿	一个动作周期8次或10次腿,要求划水慢打腿快,动作要协调	KT	D1
	16	指尖滑水	高肩高肘,在长划的前提下,指尖始终不离开水面移臂至肩的延长线入水	AT,ST,BR	D2
	17	肩伸展游	划水结束后,抬高手臂向身体的另一侧移动,且手指触水,然后还原,再做移臂动作	CO,ST	D2
	18	四面打腿	四面即俯卧、右侧卧、仰卧、左侧卧。每一侧4次打腿,始终保持身体流线型	KT, CP,BR,ST	D4
	19	1次手8次腿	可以采取俯卧式打腿,亦可采用侧向打腿。手臂不得弯曲,保持良好的流线型	KT, ST	D1
	20	6-6-6-6打腿	6次右侧6次俯卧6次左侧6次俯卧打腿,然后重复。俯卧6次腿后一次划手呈侧向流线型打腿	KT,ST,BR	D1
	21	1次划手12次水下打腿	水下12次腿加一次手及呼吸。要求水下打腿时,双臂夹紧头部,头部不得上下移动	KT, HT, ST	D1
	22	3-5-7次手1次呼吸	改变呼吸节奏,提高缺氧能力,提高划水技能	HT,AT	D2
	23	单腿打水	一只腿弯曲90度翘起在水面以上,另一只腿用力打水,要求协调用力	KT,CO	D4
	24	单腿自由泳	游进时,一只腿弯曲90度翘起在水面以上,另一只腿用力打水,要求协调用力	KT,CO, CP	D3
	25	抬头自由泳	头露出水面,划水路线短且快,不做S型划水,手划出水花。始终保持高肘、提肩	AT, FR,CP	D4
	26	握拳游	握拳、高肘,体会前臂、肘关节的水感。可打水或不打水	FW,	D1
	27	半联接游	当手臂移臂至空中一半时,开始划水	AT, ST	D1
	28	最少划水次数	手入水尽量伸展,减少划水次数达到划水效果,并提高打腿能力	ST, AT,KT	D1
	29	鱼游	身体转动90度呈鱼状,要求身体迅速转动	BR, CP,ST,AT	D3
	30	抬头划水	两腿中间夹一个浮漂,抬头高速划水。要求直线高肘划水	FR, CP,FI	D5

	编号	名称	描述	标记	难度
	31	摇橹式自由泳腿	打腿时两手臂前伸，手做横8字摇橹式	FW,KT,Fl,CP	D4
	32	闭气游	高频率，眼视下方并检查手臂划水路线是否正确、要求划长	AT,FR,KT,ST,HT	D1
	33	联接游	划水要深，高肩，肩要高出水面10公分左右，快速打腿	BR,ST,AT,KT	D1
	34	一臂上举打腿	一臂上举，一臂流线形，两臂间距90度，高速打腿，伴随着身体转动45度，动作结束后停留3秒再做下一个动作	BR,St,CP,KT	D3
	35	两臂上举打腿	两臂上举指向天空打腿，要求高速打腿，后背呈弓形	Kt, CP,	D5
	36	最少划水次数	手入水尽量伸展，减少划水次数已达到划水效果，并提高打腿能力	CP,KT	D2
	37	头领先滚动式打腿	两臂置体侧，打腿时身体左右转动，角度为45-90度，在这个范围内转动越大越好	KT, ST, BR, CP	D4
	38	滚动式划水	整个身体作为一个板块转动45-90度，尽量接近90度，两腿绷直或交叉，划水要深	CP,ST, AT, FW	D5
	39	慢游快打腿	8次腿仰泳，体会手臂放松，动作协调	KT	D1
仰	40	3-3-3-3杂游	3次右臂3次双臂3次左臂3次双臂划水。注意：单臂划水要深。动作协调	CO,AT, BR, ST	D1
	41	深划水游	手入水后直接向下划大约2尺开始曲臂划水，控制身体平衡	AT,ST,BR	D1
	42	握拳游	握拳、高肘，体会前臂、肘关节的水感。可打水或不打水	FW,	D1
	43	坐姿游	坐卧姿势，眼睛看着打腿的方向，直臂高速劈水，要求始终保持直臂	FR,	D5
	44	一臂上举仰泳	一臂上举，一臂流线形，快速打腿，伴随着身体转动45度，划水时另一侧肩高出水面	BR,St,CP,KT	D3
	45	半联接游	当手臂移臂至空中一半时，开始划水	BR, ST, KT	D2
泳	46	头平衡游	置物体于前额之上，游仰泳时头不得转动以免物体滑落，保持头部的平衡	CP,ST	D2
	47	侧向打腿	身体侧向鱼状、保持纵轴线、一肩保持露出水面、打腿幅度稍大。	ST, BR, KT,	D2
	48	单臂仰泳	一手臂位于体侧一手臂划水，尽量体会深划水，身体转动45度以上	CP,AT,FW,KT,BR	D2
	49	劈水游	手臂劈入水中的感觉，手臂入水时贴耳而入，一次劈入深度1尺以上，加快划水周期	AT,FR,BR	D2
	50	变速游	8次手慢游，8次手快游，慢游时要轻松协调，快游时要求手臂有劈水的感觉	FW,AT	D1
	51	手臂150度侧向打腿	一臂上举一臂位于水中1-2尺深处，两臂之间约150度，做侧打腿。肩部露出水面	BR, ST, KT	D4
	52	流线型打腿	流线型蝶泳腿，当呼吸时手臂不得有下压动作	KT,ST, CP	D1
	53	触踵蛙泳腿	双臂体侧背手，手触踵时背弓不得翘臀，呼吸完毕后眼睛看池底	KT, ST, FL	D2
	54	倒交叉背手蛙泳腿	交叉背手以保持背弓抑制翘臀，呼吸完毕后眼睛看池底	KT,CP,BU,FL	D2
	55	仰卧蛙泳腿	仰卧蛙泳腿，可流线型手，也可背手触踵打腿	KT,	D1
	56	握拳游	握拳、高肘，体会前臂、肘关节的水感。	FW,	D1
	57	蛙泳手蝶泳腿	模仿蝶泳动作，手臂迅速切入水中，切入时头跟进，头部不得高于臂部，2-3次腿	AT,WM	D2
蛙	58	一次蛙泳腿两次蝶泳腿	改变打腿方式以增强蛙泳中的蝶泳身体模式，要求做蛙泳腿时想着蝶泳腿打腿路线	WM,CO	D2
	59	手臂交叉蛙泳	手臂在肘部交叉再划水，交叉时手臂不得弯曲，大幅度划水，提高水感	AT,FW	D1
	60	一次手两次腿	一次划手，体位可以高一些，要求两次完整打腿	ST,KT,AT	D1
	61	小划手蛙泳	小划手快速呼吸	AT	D1
	62	大划手蛙泳	大划手体位高一些，体会水感	FW,AT	D1
	63	一次大划手一次小划手	一次大划手后跟着一次小划手，然后滑行，可以试着找到适合个人的划水幅度	FW,AT	D2
	64	触肘游	划水结速时前臂连带肘关节夹紧，体会裹肩	AT,FL,FW	D3
	65	外划手游	只做外划，然后直臂还原，要求手臂始终绷直，不得弯曲	AT,FW	D3
泳	66	肘划水	两手合掌收手同时手向外水平移动呈菱形，然后手臂连肘部下压划水直至两肘相触	FL,AT,FW	D3
	67	肘向下压水	平卧且两手臂分开，肘弯曲90度，上臂与肩平行，整个手臂迅	AT,FW	D3

	序号	名称	描述	要素	难度
蛙泳			速下压使身体抬起		
	68	手臂节奏技巧	合掌水平收手，收肘下移，然后两手臂迅速前伸，滑行。要求动作快，干净利落	AT,FR	D3
	69	高体位游	手臂的爆发力，多抓水多抱水，尽最大努力使身体向前上方窜出，提高水感	AT, WM	D2
	70	低体位游	减少手臂下划动作，外划后直接内划，缩短呼吸时间，头出水面的高度以能呼吸为宜	AT,	D2
	71	水下蛙泳手	不做打腿，只做大划手，身体为一个整体平行移动，注意身体不要上下浮动	AT,FW,ST,HT	D3
	72	水下蛙泳腿	身体流线型位置，或两手臂位于体侧	FW,KT,ST,HT	D2
	73	水下蛙泳	可做大划手，也可做普通划手，也可一次大划手两次小划手交替	AT,FW,ST,HT	D2
	74	颌下挟网球游	颌下挟网球游蛙泳，体会平稳的蛙泳技术，抑制头抬过高		D5
	75	一个周期两个滑行	划手时腿绷直待滑行1-2秒后做腿的动作，这是一个分解动作，以防止打腿过早的习惯	AT,KT FW	D3
	76	半个蝶泳腿蛙泳	蛙泳打腿之后，在做划水的同时做半个蝶泳腿以帮助身体冲出水面	WM,CO	D3
	77	最少划水次数	手入水尽量伸展，减少划水次数以达到划水效果，并提高打腿能力	CP,KT，AT	D2
蝶泳	78	水下仰卧式蝶泳腿	做仰泳出发，然后继续水下蝶泳腿。要求快且有力，距离尽可能长一些	KT,FR, HT	D2
	79	合掌蝶泳	两手合掌划水，要求手臂始终不得弯曲，尽量合掌划至大腿处再分开	AT	D2
	80	流线型蝶泳腿	两臂夹紧头部作蝶泳腿，呼吸时手臂尽量不要下压。可做一次呼吸两次打腿	KT,ST,WM,HT	D2
	81	头领先蝶泳腿	两手臂位于体侧做蝶泳腿，5次腿1呼吸，打腿时眼睛盯住池底	KT,WM,HT	D3
	82	四面打腿	四面即俯卧、右侧卧、仰卧、左侧卧。每一侧2-3次打腿，始终保持身体流线型	KT, CP, BR, ST	D4
	83	抬头蝶泳腿	抬头蝶泳腿，手臂可以前伸也可置于体侧	KT,CP	D5
	84	海豚式打腿	水下5次以上大幅度蝶泳腿加一次手并呼吸，然后再潜入水中继续	WM,KT,HT	D2
	85	握拳游	握拳、高肘，体会前臂、肘关节的水感。	FW,	D1
	86	单臂蝶泳	一种是侧向呼吸，不划水手臂前伸，另一种是正面呼吸，不划水手臂位于体侧	WM,AT	D1
	87	3-3-3杂游	3次右臂3次双臂3次左臂划水。要求双臂快单臂慢，单臂打腿幅度大，手臂尽量前伸（够东西的感觉）	AT,WM,KT,CO	D1
	88	单臂按头蝶泳	一只手按住后脑勺一只手臂蝶泳，要求按头手臂不得溜肘，正面呼吸	WM,FL	D4
	89	抱头打腿	双手交叉合掌放在后脑勺上，三次打腿一呼吸。要求不要溜肘	KT,WM,FL	D5
	90	5次手1次呼吸	高频率游蝶泳，第五次手呼吸。要求打腿快划手快	AT,FR,HT	D2
	91	抬头游	高频率小划手，不做S型划手，直线划水。不要求手臂绷直，不要求手入水远	FR,	D2
	92	垂直蝶泳腿	身体垂直于水平面，头露出水面，手臂上举或置于体侧，也可戴脚蹼练习，用力打腿	KT,WM,ST	D3
	93	蝶泳划手	蝶泳手不做刻意打腿，只是下肢随着身体的起伏自然摆动，要求高频率小划手加呼吸	FR,WM,AT	D4
	94	低体位蝶泳	减少呼吸次数，呼吸时嘴露出水面刚好能够吸气的体位为宜		D2
	95	水下侧卧蝶泳腿	水下侧卧蝶泳腿，保持流线型姿势，呼吸时可做一次划手，在潜入水中	KT,HT,WM,ST	D3
	96	两臂交叉蝶泳	手臂在肘部交叉再划水，交叉时手臂不得弯曲，大幅度划水，提高水感	AT,CO,FL	D4
	97	颌下挟网球游	颌下挟网球游蝶泳，体会平稳的蝶泳技术，抑制头抬过高		D5
	98	三次腿一次推水	第三次腿的同时做推水的动作，大臂不动	AT, KT,WM,CO	D2
	99	内划蝶泳	手臂入水宽于肩，画弧内划水然后外划	AT, CO	D3
	100	一腿蝶泳	一腿的小腿上举，一腿打腿，游蝶泳	KT, CO	D5
	101	高体位游	手臂的爆发力，多抓水多抱水，尽最大努力使身体向前上方窜出，可做两次以上打腿	KT,WM	D3

主要参考文献

1）中国游泳协会科研委员会 《游泳信息》 2003 第 3 期

2）Ernest W. Maglischo 《Swimming Even Faster》 1993

3）田麦久《运动训练学词解》 北京体育大学运动训练学教研室 1999

4）中国游泳协会科研委员会 《游泳信息》 1999 第 11 期

5）Ernest W. Maglischo 《运动医学与科学手册—游泳》温宇红 译 人民体育出版社

6）俞继英 《奥林匹克游泳》人民体育出版社

7）中国游泳协会《教学训练大纲》人民体育出版社

8）高发民《体育心理学》 山东大学出版社 2001

9）卢家楣 等 《心理学》 上海人民出版社 2004

10）USA Swimming 2015 Rulebook

11）Dick Hannula 《Coaching Swimming Successfully》1995

12）Michael Phelps 《Beneath The Sureace》2008

13）中国游泳协会科研委员会 《游泳信息》 2002 第 6 期

14）中国游泳协会科研委员会 《游泳信息》 2001 第 3 期

15）中国游泳协会科研委员会 《游泳信息》 2011 第 10 期

16）[美] 迪克.哈努拉《游泳成功教学》2007（第二版）高 捷　李 久 全 译

17）中国游泳协会科研委员会 《游泳信息》 2011 第 7-8 合刊

18）《运动解剖学》 体育系通用教材 人民体育出版社 1978

19）《运动生理学》 体育系统用教材 人民体育出版社 1978

20）全国体育院校教材委员会 《运动训练学》 人民出版社 2000

21）全国体育院校教材委员会 《游泳运动》 人民出版社 2001

22）肖国强《运动能量代谢》人民体育出版社 1998

23）Cecil M. Colwin 《Swimming Into The 21st Century》Human Kinetics 1992

24）Ernest W. Maglischo 《Swimming Fastest》 2003

25）中国游泳协会科研委员会 《游泳信息》 2007 第 11 期

26）《运动医学》 体育系统用教材 人民体育出版社 1978

www.ingramcontent.com/pod-product-compliance
Lightning Source LLC
Chambersburg PA
CBHW080412170426
43194CB00015B/2786